Cómo funciona tu negocio:

Guía financiera para emprendedores

María Ángeles González

A mis hijos.

"Hay un momento para todo y un tiempo para cada cosa
bajo el sol; un tiempo para nacer y un tiempo para morir,
un tiempo para plantar y un tiempo para cosechar"
Eclesiastés, 3 1-2.

ÍNDICE

Prólogo

Cuando sientes en tu corazón las ganas de empezar tu propio negocio, sientes una ilusión, una emoción, una energía... ¡Que te hacen imparable!

✓ Es una sensación realmente fantástica y muy útil para los que nos encanta crear, emprender ... Por otro lado, en muchos casos, esa emoción por comenzar hace que se nos olvide tener en cuenta y prevenir varios "pequeños detalles" que son imprescindibles si queremos que nuestra empresas funcione.

✓ Fíjate, la gran mayoría de las empresas que se abren se cierran, y en muchos casos es por haber pasado por alto esos detalles. Como se explica en el libro GimnasiaFinanciera.com si a la mayoría le pasa eso, ¿qué tendríamos que hacer para que no le pase a la nuestra? Tendríamos que hacer lo que no hace la mayoría, y lo que la autora nos explica en este brillante libro.

✓ Cuando creamos un negocio una de las preocupaciones mayores es el no tener un mapa de ruta, un paso a paso que recorrer para asegurarnos que va a salir bien. ¿Te imaginas un avión sin un mapa de ruta ni un checklist de operación?

Así es como muchos emprendedores con un gran corazón despegan su negocio y se quedan en el camino. Esta obra es como el mapa de ruta que echábamos de menos.

✓ Te sentirás eternamente agradecido a Mª Ángeles por haberte ahorrado años de sufrimiento y miles de euros perdidos.

✓ No me extrañaría que este libro se convierta en un requisito imprescindible antes de abrir una empresa porque te multiplicará las posibilidades éxito.

✓ Cuando creamos un negocio es para solucionar uno o varios problemas que tiene la gente, para ser útiles, para hacer un mundo mejor!

✓

Por ello de corazón te envío mi felicitación y mi agradecimiento por crear un negocio y contribuir a la vida de las personas.

Cómo funciona tu negocio: Guía financiera para emprendedores.

¡Disfruta de esta obra!

Con cariño, ¡mis mejores deseos siempre!

Javier Rivero-Díaz

Autor de los bestsellers:

#1GimnasiaFinanciera.com y *ComoVenderMas.com*

María Ángeles González

Introducción

Querido lector,

Este libro es para descubrir los interiores financieros de tu negocio, el que tú quieres sacar adelante como emprendedor.

Permíteme que me presente, soy Mª Angeles González, economista de profesión y coach financiero para emprendedores, profesionales y dueños de negocios, por vocación.

Ayudo a los emprendedores, por un lado tan idealizados en la mitología actual, y por otro tan poco apoyados en el día a día, a conseguir que sus negocios sean rentables, a que hagan crecer su dinero, comprendiendo como funciona, y que ganen más gastando menos.

El dinero se convierte en lo innombrable, en eso que si te falta no puedes dejar de pensar en ello todo el día, pero sin acercarte a solucionar tus preocupaciones lo más mínimo, a menos que sepas qué hacer al respecto.

Si estás leyendo este libro es porque de alguna manera piensas que es posible que el tema financiero en un negocio sea menos sesudo y complicado de lo que parece.

Que si hiciera falta un MBA para llevar bien un negocio, no habría casi ninguno, es más, los que lo estudian, casi siempre están asalariados por cuenta ajena.

Y que la ilusión y las ganas son fundamentales, y si encima las ayudas con información y conocimiento para manejarlas, el camino del éxito aparece más despejado.

Si has pensado alguna vez:

• Sí, tengo un negocio, y funciona, pero no sé dónde acaba el dinero.

• Cómo consigo financiación para mi negocio, todo el tema de los bancos me da repelús.

• Hay muchos libros de cómo me hago rico, con un negocio rentable claro, pero yo ¿cómo lo hago? El único caso de éxito que me interesa es el mío, y eso no viene en ninguna parte.

Que te parecería tener claro:

• Que la rentabilidad no depende sólo del precio, y ver cuántas cosas diferentes influyen en ella.

• Que aunque sea muy importante vender, no lo es menos cobrar, y saber cuáles son las diversas formas y facilidades para conseguirlo y también anticipar las dificultades.

- Que la mejor manera de ganar dinero, es dejar de perderlo. Aquí encontrarás cuáles son los agujeros más frecuentes por donde se escapa.

Por eso, después de más de 30 años en el sector financiero, y estando muy cerca de muchos negocios, de todos los tamaños y de muchos sectores diferentes, he escrito este libro para compartir mi experiencia.

Espero que te sirva de atajo para evitar errores que se repiten en muchos negocios solamente por desconocimiento de cómo funcionan las finanzas. Lo malo es que visto desde fuera, no eran ninguna sorpresa.

Y también a ver qué es lo que es útil y funciona, tanto para financiar tu negocio, como para saber si es rentable, y para la protección de tu patrimonio y tu familia.

Ese es mi deseo, que consigas tu negocio rentable, entendiendo cómo funciona el dinero que pones en él, y que puedas vivir muy bien de aquello que te gusta y disfrutas.

Le doy muchas gracias a Javier Rivero-Díaz, un referente en estos temas, por su amable prólogo y me uno a él para animarte.

Es tu momento ¡Feliz lectura!

Capítulo 1

Primeros pasos financieros de un emprendedor

Cuando te decides a emprender estás ilusionado con una buena idea, con conseguir tu sueño y haberte decidido a dar "el paso" por fin. Hay mucha información sobre ideas para emprender, planes de negocio y captación de inversores, tanto internos como externos. Sin embargo, a la **gestión de las finanzas**, tanto personales como de negocio, no se la presta demasiada atención, y no resulta tan "vistosa", cuando es imprescindible tenerla en cuenta si quieres asegurar la viabilidad del nuevo negocio.

Presenta varios factores críticos, y son los siguientes:

➢ **Saber cuánto dinero necesitas para vivir.**

Las cuentas puedes dividirlas en cuatro, sin ser exhaustivos con las descripciones:

+**Gastos fijos inevitables** (impuestos, consumos, seguros, colegios, compromisos financieros ya adquiridos),

+**Gastos fijos evitables** (gimnasio, tv pago, alquiler plaza garaje)

+Gastos variables con un importe "fijo" (la cesta de la compra),

+Gastos variables con un importe "variable" (ropa, regalos, ocio)

Todos los importes se suman anualmente y se dividen por 12, y esto dará el gasto medio mensual, o sea, lo que necesitas para vivir como estés acostumbrado, no vale infravalorar que ya llegarán los ajustes.

De todas formas: de los gastos descritos, con esta clasificación en caso necesario podrías apretar en gastos fijos evitables y en gastos variables cuya decisión de compra puedes aplazar.

➢ **Saber de dónde va a salir ese dinero y cuánto tiempo puedes resistir sin ingresos.**

Aquí no estoy hablando de ahorros para invertir en la empresa, sino de la necesidad de tener un colchón previo de entre 12 y 18 meses de gastos calculados, para dar tiempo a empezar a tener ingresos de forma repetida, aunque sean irregulares. Muchos emprendedores comienzan con su idea sin dejar su trabajo remunerado, para ir haciendo el "pulmón" financiero que saben que van a necesitar hasta que su idea funcione.

Este asunto se junta con otro que es cuando hay una indemnización y se invierte en el negocio en su totalidad.

Si por el motivo que sea no sale bien, nos podemos quedar sin empresa y sin poder hacer frente a nuestros gastos corrientes. Si por otra parte, empiezas a ver rendimientos aunque sean escasos, es fundamental que te pongas un "sueldo", aunque sea bajo, eso es para ti, lo juntas con tus reservas y serán tus finanzas personales.

➤ **Si no tienes pensado el punto anterior te acechará la tentación que puede hacer fracasar tu empeño, el de mezclar tu economía personal con la del negocio.**

Lo cual se puede dar de dos maneras, lo coges del dinero "a mano":

✓ Dispones del dinero que has conseguido para financiar la empresa por parte de terceros para cubrir los gastos personales corrientes.

✓ Si la empresa es de las que generan dinero en efectivo (aunque luego haya que repartirlo en pagos diversos), no esperar a saber qué importe es realmente de libre disposición y meter "la mano en el cajón" para salir de apuros.

Si mezclas, por otra parte, también puedes verte en el bando contrario, poniendo "demasiado":

✓ En lo que se refiere a la economía personal, ésta presenta unos flujos de entrada y salida regulares (o irregulares), pero claramente definidos.

Si precisa financiación en una cantidad importante es para cosas concretas y muy determinadas (vivienda, vehículo, artículos de cierto importe).

✓ En cambio, la financiación en la empresa presenta, de entrada, dos dinámicas:

1. Por una parte **cuando se pone en marcha** hay una serie de gastos de instalación ó **inversión,** de los que se dan normalmente una sola vez, o cada varios años.

Por ejemplo, si instalamos una tienda, el traspaso, la reforma, el mobiliario, la decoración, la primera compra de género. Esto se puede y se suele financiar con préstamos de 3, 5 o 7 años máximo.

2. Por otra está la **financiación de funcionamiento**, ese dinero que debe estar circulando continuamente, por eso se llama "circulante".

Cuando se financia en el banco son cuentas de crédito a 1 año, o líneas de descuento de papel comercial.

Sale de la necesidad de financiar la inversión en existencias y consumos, y el pago a los proveedores, mientras consigues que te paguen a ti.

Las existencias son dinero inmovilizado mientras no consigas venderlas (o utilizarlas para elaborar productos según los sectores).

Cuánto necesites tener en stock dependerá de tu actividad. Los proveedores te suelen exigir el pago al contado, o máximo entre 30 y 60 días.

Tienes que estudiar el tiempo que puedes "aguantar" el plazo que le des de pago a tus clientes.

Ya no se trata de la venta o servicio que les proporciones, también les estás financiando en cuanto tu ingreso no esté en el mismo plazo que tus pagos.

Si tú pagas a 30 días y vendes a 60 días, has de financiar el coste de esos 30 días, y eso si no se retrasan tus clientes.

Esto significa que si un cliente te hace un pedido "grande", puede suponer tu ruina, si en un momento determinado compras existencias para servirlo, las tienes que financiar, y luego se "vuelve atrás" o incumple su compromiso contigo.

No es una situación "coyuntural", no puedes solucionarla con una segunda hipoteca de tu casa, ni tirando de préstamos personales o tarjetas de crédito, estas cosas sólo podrás hacerlas una vez.

Es una dinámica financiera diferente a lo que estás acostumbrado, que se va a producir de manera reiterada.

Cuando un negocio casi recién nacido empieza a funcionar y le sale mucha más actividad de la que en principio es capaz de absorber con los recursos iniciales, hay que pararse y pensar.

No hay que dejarse cegar por las cantidades que se mueven, mucho mayores que las de la economía familiar, sino hacer un cálculo realista de hasta dónde se puede llegar para financiar "el movimiento" de ese negocio extra.

Puede ser con nuevos socios, o bien con financiación bancaria específica para circulante. En caso contrario se corre el peligro de "morir de éxito", si para vender tenemos que ser además el "banco" de nuestros clientes.

En conclusión, las finanzas familiares y la empresarial son diferentes en su funcionamiento y dinámicas.

Si mezclas la una con la otra, sin tener en cuenta sus peculiaridades, te puedes encontrar con una receta explosiva que acabe con tu negocio sin que sepas muy bien qué ha pasado.

Capítulo 2

¿La familia? Bien, gracias.

Ya te he comentado cómo la ilusión de los comienzos a veces ciega frente a aspectos vitales que pueden comprometer tu éxito, siendo las relaciones familiares uno muy importante. Si estás solo, no hay mayor complicación, pero es muy normal que el emprendedor o emprendedora vivan en comunidad, ya sea pareja o matrimonio. En ambos casos hay "detalles" que afectarán al núcleo familiar, motivo por el que hay que dialogar y consensuar ciertas "reglas del juego" para no tener disgustos posteriores. Una de ellas, el **compromiso económico** que nuestra pareja, ya sea de hecho o de derecho, quiera o pueda asumir de cara al nuevo negocio.

Las maneras más habituales en que un emprendedor unipersonal se enfrenta a esta situación son:

> Si es pareja de hecho, y funciona como autónomo, no tiene responsabilidad derivada de la actividad económica, o sea, no tiene nada que ver.

No obstante, si se posee por ejemplo, una propiedad a medias, o una cuenta corriente a nombre de los dos, se vería afectada si sobre la misma se establece alguna obligación (p.e. un embargo por falta de pago de impuestos), si bien sería en el funcionamiento, no en la parte económica.

> Si es matrimonio y tiene régimen de gananciales, el más habitual, en el que toda la actividad económica se reparte por igual para los dos, siguiendo en el caso de autónomo:

Sería igualmente responsable tanto de los derechos como de las obligaciones que se deriven del negocio. Esto quiere decir que se expone al 100% al resultado del mismo, tanto a favor como en contra.

Teniendo en cuenta lo anteriormente descrito, son muchos los autónomos que optan por dos salidas:

✓ La primera de ellas, repartir los bienes gananciales, asignando a su pareja la vivienda familiar, que suele ser el bien más importante para así salvaguardarla de posibles incidencias.

Optan a partir de ese momento por el régimen de separación de bienes. Esto es igual que no estar casado a efectos económicos. Los problemas pueden plantearse si más adelante hay alguna desavenencia, puesto que la vivienda ya está asignada como privativa (o sea únicamente suya) a uno de los dos.

✓ La segunda es optar por la constitución de una sociedad limitada, ya sea unipersonal, o con otros socios, lo cual tiene por efecto limitar la responsabilidad a los bienes que figuren a nombre de la sociedad.

Cualquiera que sea la decisión tomada, hay un tema muy relevante que tiene que ver con conseguir financiación, sobre todo bancaria, que es el de los avales.

Si como persona física no posees bienes a tu nombre, una entidad financiera, para darte dinero, te va a pedir que consigas avalistas.

Es lógico que si la actividad está arrancando o no produce mucho de momento cualquier financiación necesite salvaguarda, el banco considera que el primero que tiene que creer en su propio negocio eres tú.

Esto significa que, o bien tu pareja con sus bienes (ya sea soltera, o casada en separación de bienes) avala, o bien tú mismo como persona física, si el caso es que constituiste una sociedad limitada para salvaguardar tu responsabilidad.

No hay ningún problema en avalar mientras sea solamente a ti mismo, cambiando mucho el tema si en la sociedad has metido a otros socios.

Si tu sociedad incluye a más socios es aconsejable que mejor le "prestes" lo que haga falta, pero no que avales, ya que no vas a poder controlar la evolución en el tiempo de ese aval.

Todo esto tiene gran importancia por las graves consecuencias que te puedes encontrar si no tienes claras tus responsabilidades, pero no es lo único que es aconsejable pactar de cara al entorno familiar.

La otra regla del juego, y no menos importante es incluir a tu media naranja en el Plan de Negocio de tu aventura, para pactar tres cosas que precisas aclarar para tener todo su apoyo:

✓ En primer lugar, ser realista con el potencial del negocio, incluyendo la posibilidad de probar varias ideas antes de conseguir que una cuaje.

Esto puede ser incluso mientras mantienes un empleo por cuenta ajena con el fin de ir "haciendo músculo" para poder emprender por cuenta propia.

✓ En segundo, determinar en común de dónde va a salir el dinero necesario para sostener a la familia y durante cuánto tiempo se puede "mantener" el negocio sin producir o con muy pocos rendimientos, como ya indiqué en el capítulo anterior.

Estando de acuerdo las cosas son mucho más sencillas, se puede ajustar el presupuesto con más facilidad e incluso decidir de qué más se puede prescindir si ambos lo consideran preciso.

✓ En tercer lugar, definir el objetivo económico a conseguir, así como fijar un plazo para llegar al mismo.

No es igual empezar un negocio mientras mantienes otro trabajo, hasta que le ves viabilidad, que si te ha "tocado" un ERE y vas a emprender sí o sí.

O si el que no emprende tiene un trabajo más o menos estable por cuenta ajena, o tampoco tiene otros ingresos.

Como en un negocio puede pasar de todo, es asimismo aconsejable tener un plan "B" que puede adoptar múltiples formas en función de la familia y de la fortaleza financiera de la misma.

En conclusión, hay que tener claro que lo importante es que no se acaba el mundo si no se consigue a la primera, pero que siempre es mejor prevenir que eso ocurra, tomándose un tiempo para planificar, no sólo el Plan de Negocio para los inversores o los bancos, sino para tu propia casa.

Aunque luego la realidad siempre supera a la ficción, tendrás más flexibilidad para tomar decisiones y sabrás hasta dónde puedes llegar, lo que te aportará claridad y foco en tu negocio.

Capítulo 3

Autónomo o empresa: Seis razones para tomar una decisión

Lo cierto es que te toca plantearte dicha elección cuando todavía no estás seguro del rumbo que va a llevar tu negocio. A continuación te expongo las razones que has de tener en cuenta para conseguir una decisión bien informada.

La empresa con forma de Sociedad Limitada es la forma jurídica más extendida en España.

A principios de 2014 según el Directorio Central de empresas del INE había registradas 1.125.041 sociedades limitadas, lo que supone el 35,75% de las empresas del país sólo por detrás de los autónomos, que suponen el 51,47%.

Es realmente una elección sólo cuando se trata de una sociedad unipersonal.

Tu negocio es sólo tuyo. Si te encuentras en este caso tienes seis razones para tener en cuenta:

1. RAPIDEZ.

Si tienes que iniciar la actividad rápidamente, te llevará algo más de tiempo, alrededor de un mes, tener lista una empresa.

En cambio de autónomo puedes empezar de inmediato.

En algunos casos hay quien adquiere empresas inactivas para aligerar los tiempos de tramitación. En ese caso cuidado con los asuntos que puedan tener pendientes, puede ser peor el remedio que la enfermedad.

2. COSTES.

a) De constitución, aunque no sean muy elevados la empresa tiene costes de escrituras, trámites y capital social (mínimo 3.000 euros, que luego puede utilizar la empresa en lo que necesite) que no tiene el autónomo.

b) De mantenimiento.

Las obligaciones legales y fiscales de la empresa son superiores a las del autónomo, motivo por el que las cuotas de gestoría son más elevadas. Resumiendo, y sin ser exhaustivo:

✓ **Autónomo**: Presentación de IVA, IRPF, Registro de Facturas. Cuota de autónomos.

✓ **Empresa:** Presentación de IVA, Impuesto de Sociedades, Registro de Contabilidad, Presentación de Estados contables.

Si es unipersonal el Administrador también tiene que estar dado de alta en la Cuota de la Seguridad Social de Autónomos, ya que controla la sociedad.

3. PROTECCION DEL PATRIMONIO.

Si eres autónomo y estás casado en bienes gananciales, te interesa realizar antes de empezar una separación de bienes para no perjudicar a tu familia en caso de problemas, ya que el autónomo responde con sus bienes presentes y futuros, como ya comenté en el capítulo anterior.

Aunque ha salido nueva legislación en este tema, limitando teóricamente esta responsabilidad y "liberando" la vivienda habitual está por ver cómo se desarrolla su aplicación práctica.

Si constituyes una sociedad, la responsabilidad patrimonial está limitada al capital invertido en la misma.

No obstante, esto es relativo, ya que si pides financiación bancaria vas a tener que firmar como fiador y en la práctica, te comprometes igual que si fueras autónomo.

Si no quieres hacerlo será difícil que la consigas, salvo que la empresa lleve tiempo en marcha y genere bastantes recursos.

4. TRATAMIENTO DEL BENEFICIO

La leyenda urbana de que siempre paga menos la empresa que el autónomo está ahí, pero ¿cuál es la realidad?

• El autónomo tributa por Impuesto de la Renta de las Personas Físicas.

• La empresa paga Impuesto de Sociedades.

A los actuales tipos, hay que ganar limpios (después de impuestos) al menos 30.000 a 40.000 euros anuales para que resulte más interesante la empresa que el autónomo, o sea que sea cierto que tributa menos.

Porque en la práctica lo que ocurre, por supuesto si la empresa gana dinero y va bien:

✓ Es que el dueño de la empresa se pone un sueldo y lo tributa por IRPF.

✓ Y, además cobra unos dividendos del beneficio de la empresa que también pagan impuestos en IRPF.

O sea, que si lo que quiere es "recoger" lo que va ganando y pasarlo a su poder, la suma de tributación entre el sueldo + dividendos es prácticamente lo mismo que si estuviera de autónomo y ya está. Como dice un famoso humorista "las ovejas que entran por las que salen".

Si en cambio la empresa consolida el beneficio y sigue en su balance, sí existirá ese ahorro fiscal.

5. CUANDO ESTAS EMPEZANDO

Puedes tener dos casos, en **primer lugar** cuando todavía trabajas por cuenta ajena, si realizas una "segunda actividad" de forma habitual, aunque tu empresa esté pagando a la Seguridad Social, va a depender del importe que ganes, como máximo el Salario Mínimo Interprofesional (alrededor de 600 euros), para no obligarte a darte de alta en Autónomos.

Para emitir facturas sí tienes que estar dado de alta obligatoriamente en Hacienda.

Estar en un sitio sí y en otro no, es una especie de "laguna legal"

25

consentida, pero nadie te asegura que no tengas problemas, aunque sean cantidades pequeñas.

En el **segundo caso**, cuando te vas a dedicar a tu negocio en exclusiva tienes obligaciones de dos tipos:

- Darte de alta en Hacienda. Y a continuación tienes un plazo de un mes para darte de alta en:

- La Cuota de Seguridad Social de Autónomos. Como una vez dado de alta esta cuota hay que pagarla, factures o no, es procedimiento habitual agrupar facturas y darse de alta y de baja si las cantidades ganadas son insuficientes para asumir estos costes.

Si no lo haces así, puedes acumular deuda con la Seguridad Social, que es buscarte problemas innecesarios.

6. ELIGE UN BUEN GESTOR

Porque hay que reconocer que bastante tienes con ocuparte de lo tuyo. El problema de liquidar los impuestos y otras obligaciones de forma insuficiente, incorrecta o fuera de plazo puede traerte sanciones económicas de cierta importancia.

Para evitar estas dificultades, es fundamental elegir un buen gestor y ¿cómo valorar su bondad?, que tengáis buena comunicación, que sepa explicarte las dudas que te surjan y que tenga experiencia en tu tipo de negocio en lo posible.

El criterio no puede ser sólo que sea barato, porque alguien que te haga mal estas gestiones puede salirte muy caro.

Siempre eres el responsable exclusivo de tener al día tus cuentas con Hacienda y la Seguridad Social. Aunque delegues, que te expliquen el por qué y el cómo de cualquier decisión que pueda ser polémica. La legislación cambia continuamente y todo no es blanco o negro.

Además asegúrate de que todo está debidamente pagado y no se ha omitido por error ningún trámite obligatorio.

Es **muy conveniente**, por no decir *imprescindible* formar una *sociedad limitada* cuando tu negocio tenga las siguientes caracteristicas:

1. Si la actividad demanda una **gran inversión patrimonial**, que esto depende del sector donde te ubiques, si es imprescindible adquirir o alquilar maquinarias y locales, y contratar personal casi desde el principio.

Aquí se presenta el añadido de que para conseguir financiación bancaria de cierto volumen es mucho más fácil conseguirla como sociedad que como autónomo. Se genera más abundancia de información económica para respaldar las peticiones de crédito.

2. Siempre que hagas una inversión con otros socios.

Proteges tu patrimonio, y además tienes establecidas las condiciones de tu inversión. No es recomendable que tengan todos la misma participación, nada de 50 y 50, puede ser una receta segura para no tomar decisiones por falta de acuerdo y terminar con la empresa rápidamente.

3. Que te lo exijan.

Hay franquicias y otro tipo de actividades, por ejemplo con concurrencia a concursos de cierto volumen en las Administraciones Públicas, a los que solamente se puede acceder con forma de sociedad.

4. Que el negocio esté muy regulado y que haya que conseguir **licencias de apertura**, de actividad u otro tipo de permisos que puede resultar costoso cambiar posteriormente de titular.

5. Que lo constituyas con el claro propósito final de venderlo en cuanto funcione.

6. Que ejerzas varias actividades diferentes que no tengan absolutamente nada que ver unas con otras. En ese caso es razonable separarlas también legalmente.

En conclusión, si eres un pequeño empresario o profesional independiente y no te encuentras en los casos antes detallados, la decisión más económica en principio será empezar como autónomo.

Si te va bien y tus beneficios tienen un importante incremento, será el momento de valorar si te conviene constituir una sociedad limitada para tu negocio.

Capítulo 4

Franquicias, no es oro todo lo que reluce.

Con el fin de mejorar las expectativas y rebajar los riesgos cuando emprendes un nuevo negocio, una opción con mucho potencial es la franquicia, que consiste en "comprar" el saber hacer de una marca, así como el derecho a utilizar su logo y material publicitario, y un "territorio" comercial definido y exclusivo.

Una buena franquicia proporciona al emprendedor que se decide a colaborar con ellos, o "franquiciado", las siguientes ventajas:

✓ Ser propietario de un negocio con "fórmula de éxito", y resultados demostrables. Es una forma de reducir el riesgo de puesta en marcha, lanzar marca propia y elaborar el sistema de funcionamiento cuando se tiene poca experiencia.

✓ Acceder a formación y sistemas de negocio ("know-how", saber hacer) ya comprobados. Contar con asistencia continuada y actualización.

✓ Ser la enseña de una marca reconocida en el mercado, con su marketing y publicidad centralizados, campañas unificadas y simultáneas, con mayor impacto por tratarse de múltiples puntos de venta.

✓ Zona "exclusiva", tu tienda o centro de servicios tendrá un territorio en el que no puede instalarse otra franquicia de la misma marca. Idealmente tendrán hecho un estudio de la zona con su potencial y expectativas en cuanto a clientes de su producto o servicio.

✓ Economías de escala en cuanto al abastecimiento. El precio de los productos puede estar mucho más afinado al dirigirse a un volumen mayor de clientes (los franquiciados) que si tuvieras que buscar proveedores por tu cuenta.

✓ Estudio continuo del mercado y lanzamiento de nuevos productos, investigación y desarrollo por parte de la marca, que traslada a sus franquiciados.

Esto en cuanto a las ventajas. Todo esto lleva sus contrapartidas como son:

* ❖ Pago de derechos de entrada y royalties (cánones por el uso). Pactos de exclusividad, no puedes diversificar tu negocio.

* ❖ No ser propietario de la marca, ni poderlo ser en un futuro.

* ❖ Las principales decisiones del negocio las toma el franquiciador. El margen de actuación es limitado. No te puedes desmarcar de las normas y directrices generales aunque no te gusten (líneas de producto, estrategias de mercado).

* ❖ Vinculación al éxito ó fracaso del franquiciador y de los demás franquiciados.

* ❖ Limitación para la venta o traspaso del negocio. Condiciones estrictas para resolver y renovar el contrato. Duración estipulada. Penalizaciones importantes en caso de no cumplir las condiciones.

Asuntos que podemos ilustrar con la siguiente historia que les ocurrió a Raúl y Lucía, ambos trabajadores por cuenta ajena.

Toda la vida les había picado el gusanillo de los negocios, y por fin, reuniendo unos ahorros, sin abandonar sus trabajos, se decidieron a emprender. Tenían ganas de "tener una tienda" y algunos amigos les habían hablado bien del sistema de franquicia.

Se decidieron por una franquiciadora de productos decorativos para el hogar.

Tras la negociación y firma del correspondiente contrato de exclusividad, se ubicaron en una localidad con muchas urbanizaciones recién ocupadas.

Con tanta gente decorando su vivienda fue desde el principio un rotundo éxito. Incluso contrataron una persona para que les ayudara, ya que ellos seguían trabajando.

Emocionados, porque iba todavía mejor de lo que les habían dicho, se animaron a meterse en otra tienda de la misma franquicia, esta vez ubicada en una zona consolidada de la capital, con mucha solera y poco movimiento de gente, pero muy distinguida.

Se les hacía difícil controlar las dos tiendas, que además estaban bastante alejadas geográficamente.

Al contrario que la otra tienda, ésta funcionó mal desde el principio, y según pasaba el tiempo, más perdía, hasta llegar al límite de absorber todo lo que ganaban en la otra.

Estaban disgustados porque el segundo punto de venta se lo habían "metido por los ojos" y tenían la impresión de que les habían "colado un gol".

No solamente eso, sino que tenían mercancía que no se vendía bien en ninguna de las dos tiendas y no se la dejaban devolver, tenían que tener unas cantidades en stock que veían excesivas para las ventas que se hacían.

Además tenían que pagarlas al contado o a 30 días como máximo aunque no tuvieran buena salida.

Como así no podían seguir, fueron a renegociar con la franquiciadora los acuerdos de su contrato.

Al haberse comprometido a cinco años y llevar solo uno y medio, se incluían fuertes penalizaciones, no sólo iban a perder lo que ya habían invertido en la imagen de las tiendas, la marca de la franquicia y el mobiliario bajo pedido, sino por la rescisión anticipada del contrato.

Lo cierto es que no tenían dinero, pero tampoco podían cerrar las tiendas por las bravas.

Lo que tuvieron que hacer, para poder cubrir su salida del negocio fue hacerle a su casa una segunda hipoteca. Reunieron así fondos suficientes para rescindir los contratos de las tiendas y liquidar las existencias, así como hacer todos los trámites legales correspondientes al cierre de la empresa que habían constituido para tal fin, y resolver la situación de la persona contratada.

No tuvieron más problemas porque seguían trabajando por cuenta ajena y el préstamo podían devolverlo.

Cuando un par de años más tarde, se plantearon volver a empezar, ya la experiencia los había "enseñado".

Escogieron otra franquicia, esta vez de productos para el descanso, y negociaron a fondo los temas de compra de mercancía y de obligaciones que les habían sido tan gravosos la vez anterior, porque no habían valorado adecuadamente a qué se estaban comprometiendo.

También se aseguraron de que el plan de marketing que les presentó la franquicia tenía criterios basados en una amplia experiencia, y hablaron con otros franquiciados, alguno que le había ido bien, y también al que le había ido mal.

Empezaron de nuevo con una tienda, y aunque la han ampliado, no se han vuelto a plantear seguir abriendo "sucursales", prefieren consolidar la que tienen.

Uno de ellos trabaja allí todo el tiempo y han colocado también a un familiar, consideran que esta vez han acertado.

Otro tema recurrente en el sistema de franquicias es que se puede hacer con muy poca inversión monetaria. Esto no es del todo cierto, básicamente por dos motivos:

> El primero, que si la franquicia tiene una buena implantación, una excelente imagen y facilita los servicios antes comentados, también exige para sus franquiciados una inversión acorde con su condición de primera marca.

No es lo mismo una franquicia que lo único que te aporta es una "zona" donde no se va a abrir otra igual, y que cuelgues el logo de la puerta, que otra de primer nivel, con resultados contrastados y que te ofrece estadísticas de éxito en aperturas y de motivos de cierre en los dos primeros años.

> El segundo, los expertos en franquicias recomiendan que de la inversión necesaria, sean fondos propios, o sea tu propio dinero (dependiendo del volumen) entre el 30 y el 50% del total.

Cuentan también con que el resto se solicite a los bancos, que, en principio, son menos reticentes a participar en una financiación de este tipo cuando es una franquicia comprobada.

Teóricamente pueden "confiar" más en el retorno de la inversión por sí misma. La realidad es tozuda y nos indica que cuando un negocio no se ha puesto en marcha, tiene que estar muy bien montada la operación y aún así se pedirán ingresos de otras fuentes y avales complementarios.

También comentan que aportes un 20% más para las tensiones de tesorería del comienzo, hasta que el negocio empiece a "tirar", o sea, que también hace falta un colchón para "resistir" los comienzos, en esto no encontramos diferencias con un negocio propio.

En conclusión, el sistema de franquicias es excelente para quien sabiendo que no tiene mucha experiencia, no quiere iniciar un negocio desde cero.

Te proporciona un "paraguas" en cuanto a marketing y conocimiento de la actividad, así como acceso a mejores precios de proveedores y a un sistema que ha probado que funciona.

A cambio, tienes que cumplir las condiciones de este tipo de acuerdos, que son una especie de "matrimonio" empresarial, y elegir muy bien la marca a la que vas a quedar vinculado, que aquí los arrepentimientos se pagan caros.

También resulta fundamental la credibilidad de la marca en

cuanto a los planes de marketing que te presentan, que son previsionales (o sea proyecciones numéricas del futuro), y al análisis financiero del plan de negocio, que sea realista y fundamentado en experiencias previas, porque si no es así, el papel "lo aguanta todo", pero tú no.

Capítulo 5

Siete mitos sobre el plan de negocio.

Para que tu idea de negocio pase de la imaginación a la realidad, en primer lugar para ti y luego de cara a los demás, tienes que explicarla para que se pueda entender y valorar. Esto es la base de lo que se ha dado en llamar Plan de Negocio, o también Plan de Empresa.

Sin embargo, hay una corriente de opinión cada vez más fuerte descartando las aportaciones que puede hacer dicho Plan.

Es igual que organizar una excursión como el Camino de Santiago, sin saber los kilómetros que piensas hacer, el botiquín para las ampollas, cómo conseguir agua y comida, y dónde vas a dormir.

El Plan de Negocio es un documento donde se recoge el desarrollo, medios y posibilidades de una idea de negocio, en todas las áreas necesarias:

1. Presentación de la empresa y resumen del proyecto.

Contiene el resumen, y el quién es quién del que lo pone en marcha, especificando su experiencia, conocimientos, habilidades y fortalezas para contribuir al éxito del negocio. Si es un equipo, de todos sus componentes.

2. Análisis de la idea de negocio.

Descripción del producto o servicio que se va a ofrecer. Si es producto y es novedoso, explicar con claridad cuál es su utilidad.

Si es servicio, en qué consiste con exactitud, y cómo se va a diseñar de cara al cliente. Aportar una propuesta de valor clara de cara al usuario. Importante especificar en qué es diferente de la competencia.

Definición del modelo de negocio y sus estrategias. Plan de contingencia teniendo en cuenta la competencia. Identificación de riesgos y formas de mitigarlos.

3. Plan de Marketing.

Estudio de mercado, en el que se detallarán factores como el tamaño del mercado, si la idea es escalable (puede llegar a un mercado amplio sin mucha inversión adicional), a qué nicho se dirige, a qué cliente, y qué problema le soluciona.

Estudio de la competencia, estrategia de lanzamiento, publicidad por diversos canales.

4. Plan de Producción.

En caso de fabricación, detalle de puesta en marcha y cálculo de la producción necesaria para compensar los gastos.

5. Plan de Organización y Recursos Humanos.

Organigrama funcional.

6. Elementos jurídico-fiscales.

Tipo de sociedad, composición accionariado y ordenamiento jurídico. Aspectos legales y normativos de la actividad. Licencias, autorizaciones, alquileres, traspasos.

7. Estudio económico-financiero.

Plan de Viabilidad, Plan de Financiación, Recursos propios.

Pone de relieve la inversión necesaria y cómo está previsto hacerle frente. Cómo se van a pagar los préstamos que se necesiten.

Hace números para prever la rentabilidad económica, si será capaz de mantenerse en el futuro y cuánto tiempo tardará hasta conseguirlo.

Y también la rentabilidad financiera, cuánto va a retribuir al capital necesario para ponerla en marcha, y si el fruto compensará el esfuerzo de invertir.

Esto, con un negocio que no ha empezado a funcionar y ya ni hablar si empezamos en sectores nuevos, o con mercados escasos, es "número-ficción".

Anexos

Toda la documentación sobre la que se sustenta el resumen anterior por áreas, para que cualquier interesado pueda profundizar.

El Plan de Negocio puede llegar a tener desde 10 a 50 folios, de los que se utilizan casi únicamente el resumen inicial y los números financieros del final, en el mejor de los casos.

Y los siete mitos sobre su utilidad son los siguientes:

1. Es imprescindible para empezar.

Como has podido ver en la descripción del plan, la mitad de los capítulos te sobran ya que un negocio pequeño en sus inicios, no genera para nada tanta literatura. Lo de verdad importante es:

- Tener definido el modelo de negocio. Qué ofreces, a quién y cómo lo vas a facilitar.

- Hacer un presupuesto estimado de viabilidad, sin muchas complicaciones. Cuántos recursos tienes, cuántos necesitas, y en cuánto tiempo puedes esperar que funcione.

No hace falta un plan tan súper detallado, pero tampoco puedes lanzarte a la aventura sin hacer ni un número.

Este mal le suele afligir a quien no necesita financiación de otros, invierte todos sus ahorros o una indemnización y luego le extraña que le salga mal.

Eso sí, si quieres contar con recursos de terceros, te conviene hacerlo, porque ¿cómo vas a presentar tu idea a posibles inversores o entidades financieras? , de ahí lo "inevitable" de su confección, cuando precisas dicha financiación.

2. Como tú no sabes, es mejor que te lo hagan expertos.

Bien, lo que consigues es un plan precioso, con el que tú no has tenido nada que ver. No te identificas con él, con un poco de mala suerte lo medio entiendes, y por supuesto, como ningún plan soporta la realidad, no te va a servir para nada si luego no lo vas modificando con lo que va ocurriendo.

Aunque te ayuden es necesario que comprendas de dónde salen los datos.

Lo que sí consigues es un aspecto muy "profesional" de cara a terceros. También es verdad que el papel lo aguanta todo, y de todas formas no tienen por qué creérselo sólo porque es bonito.

3. Confiar ciegamente en que se cumplirá.

Es una derivada del anterior. Como lo han hecho expertos, es como si estuviera escrito en piedra, la decepción viene cuando las previsiones no se cumplen y las cosas no salen como en el cuento.

Señalar que incluso los números más conservadores y ajustados son sólo aproximaciones. El plan sirve de punto de partida nada más.

4. Confusión entre modelo de negocio y plan de negocio.

Un plan de negocio es un análisis de una propuesta de negocio de una forma ordenada.

Un modelo de negocio, se centra en estrategias, que pueden ser de tipo de distribución o de venta, estructuras de precios, que aumenten el valor añadido del producto o servicio y lo diferencien de la competencia.

El plan de negocio es estático, se hace una vez y recogerá el modelo de negocio que se haya decidido en una primera fase.

En cambio el modelo de negocio evoluciona, e incluso puede hablarse de más de uno y decidir cuál aporta más a la empresa, según como funcione.

5. Confundirlo con un Plan Financiero.

Es mucho más amplio . Como hemos visto en el desarrollo por capítulos, abarca mucha más información. Pero es muy lógico que se equivoque, puesto que es la parte, con diferencia, más consultada, tanto por el que lo encarga como por terceros.

6. Hacerlo sólo de cara a la galería para que quede bien.

Es saber, ya con certeza, que estás hablando directamente del cuento de la lechera ilustrado. Se encarga y se elabora a medida del destinatario final, ya sea inversor o entidad financiera, y se cuadra aunque sea a capones.

Problema: no te aporta absolutamente nada en cuanto a saber por dónde te andas con tu negocio. Te estás haciendo trampas al solitario, los préstamos hay que pagarlos y el inversor quiere ver retornos de su dinero, si llevas una bonita cantimplora sin nada de agua, vas apañado cuanto tengas sed.

7. El Plan de Negocio, tal y como se hace no sirve para nada.

Cuando se hace con participación del interesado, permite detectar errores y problemas previos y planificar la puesta en marcha, identifica oportunidades y plantea metas a corto y medio plazo. Toda esta información es positiva para empezar, siempre teniendo en cuenta que es una foto fija.

En conclusión, el Plan de Negocio es una reflexión estructurada sobre tu idea para emprender, con las siguientes características:

- ✓ Tiene un enfoque estático, y es por eso que no se utiliza normalmente en el día a día, se hace una vez y al cajón para siempre.

- ✓ Esto se acentúa si el interesado ha participado poco o nada en su elaboración.

✓ Y hoy por hoy se plantea en la mayor parte de los casos sólo como una forma de "vender" tu idea, tanto a inversores, como a posibles socios, colaboradores o entidades financieras.

Al final la utilidad del Plan de Negocio es definir la imagen y posibilidades de tu negocio de cara al exterior.

De ti depende aprovechar la oportunidad, para además sacar estrategias y números que te sirvan de punto de partida y luego de referencia para la gestión.

Capítulo 6

Busca tu mercado

Ahora que está tan de moda presentarse como "solucionador de problemas", o "proveedor de soluciones", ¿qué te puede preguntar cualquier cliente?

¿Qué "problemas" son esos a los que te diriges? Puedes dirigirte a cubrir una carencia, pero también a mejorar sobre lo que ya tiene (calidad de vida).

Tu "problema" puede necesitar hacer ejercicio de mantenimiento de una manera razonable, pero si se divierte mucho mejor.

Además, a nadie le gusta que le digan que le falta algo, que es inapropiado, inadecuado, o que hace mal las cosas.

Los afectados por ellos ¿los reconocen como tales? o, ¿qué tiene que ocurrir para que los consideren un problema?.

Hay quien tiene una mala salud dental y no lo considera un problema hasta que tiene que usar dentadura postiza.

Hay quien no soporta las mismas cortinas dos años seguidos y quien sigue con los muebles de hace veinte años.

Y aún siendo reales ¿están motivados a buscarles una solución? ¿Estás lo bastante bien situado para que la tuya sea la más apropiada?

Hay gente que tira la "toalla" porque no encuentra ropa bonita de su talla, le resulta tan difícil que ya ni siquiera la busca.

Otros querrían encontrar el método de aprender "por fin" un idioma, y se desesperan y pierden el interés probando unos y otros hasta que lo dan por imposible.

La trampa lógica de ser el que "tiene las soluciones", es pensar que sabes el "qué", el "cómo" y el "cuándo" de los "problemas".

En realidad necesitas determinar qué necesidad real cubre tu producto o servicio para empezar a valorar a cuánta gente le puede interesar, hacer falta, o ser lo suficientemente atractivo y diferente para ser considerado como opción a tener en cuenta.

Me estoy refiriendo claro está al mercado al que te diriges con tu negocio. El tamaño del mercado tiene una relación directa con la cantidad de compradores que pueden existir para una oferta determinada.

Los interesados presentarán tres características:

* **El deseo o necesidad**. Tiene que existir, por mucho que digan, no se puede "crear" una necesidad, sino descubrir una demanda insatisfecha. Puede ser tanto en cantidad, como en calidad, como en variedad.

El método más directo para ello es observación y exploración de la realidad mediante encuestas. No son raros los casos de que turistas de viaje, a un lado y otro del Atlántico han visto conceptos de negocio que han trasplantado a sus países de origen con notable éxito.

Casos como Starbucks se inspiraron directamente en las cafeterías italianas, la respuesta americana está a la vista en la expansión de las cadenas de comida rápida en Europa.

También hay oportunidades que no son tales, como el vendedor de calzado de Alicante que fue al Norte de África y se entusiasmó con el mercado potencial que había visto, ya que "iban todos sin zapatos", potencial de crecimiento del 100%. No tenía en cuenta la falta de costumbre y la poca renta disponible.

* Suficientes ingresos para poderlo comprar.

Abanico de precios para que esté al alcance del público objetivo dependiendo del mayor o menor interés por el mismo. Precios que también se determinarán en función del segmento del producto o servicio.

* Posibilidad de acceder al producto. Que esté a su alcance físico, ya puede ser en su área geográfica próxima o por internet.

Una vez determinada la necesidad o deseo al que te diriges, para presentarte como proveedor en un mercado determinado tienes que tener en cuenta el fenómeno de las barreras de entrada.

¿Qué es una **barrera de entrada**? Es aquella que constituyen todas las dificultades que tiene que superar una empresa para entrar en un mercado determinado. Dependiendo de cómo se configuren nos dan una idea de hasta qué punto existe competencia en el mercado.

Las más importantes son:

(*) La necesidad de hacer una **fuerte inversión** en maquinaria industrial. Además suele hacer falta producir en grandes cantidades, las llamadas economías de escala.

Se produce mucho a costes bajos. Para ingresar en la industria hay que tener un potencial inversor que directamente expulsa a la competencia. Fabricación de automóviles.

(*) El monopolio natural, que es cuando una sola empresa puede generar toda la producción del mercado con un coste menor que si hubiera varias empresas compitiendo.

Son casos típicos la distribución de aguas en una zona geográfica (no tiene sentido hacer dos redes), la explotación de una cantera, que hace inviable traer piedra de otra zona, la empresa propietaria de una red de telefonía, que la alquila a otras operadoras.

Se caracteriza por una muy alta inversión inicial, con elevados costes de mantenimiento y un mercado final limitado.

(*) La existencia de un **monopolio legal**, con el mercado regulado, como puede ser el tabaco en España.

(*) La existencia de **propiedad intelectual**, el necesario uso de una patente durante el tiempo que dure en vigor. Industrias químicas y farmacéuticas.

(*) **Investigación y desarrollo**. Las inversiones en estos epígrafes para nuevos productos de la industria informática hace muy difícil la entrada de nuevos competidores.

(*) **Barreras culturales**, hay negocios que no son trasplantables de unas zonas geográficas a otras, simplemente no funcionan, las necesidades se cubren de manera distinta, aunque el alcance sea global el mercado no lo es. Sectores discográficos y cinematográficos que no son norteamericanos. Bikinis en Arabia Saudí.

(*) **Barreras geográficas**. Hay productos y servicios que por razones de coste y ubicación no es rentable ni posible producirlos lejos de su zona de origen. La industria turística explota su ubicación de todas las formas posibles, pero cada localización se centra en una serie de características.

(*) La existencia de **coste irrecuperable**, que es la inversión que se pierde en su totalidad si se quiere salir del mercado.

En función de las barreras de entrada y salida podemos hacer la siguiente clasificación:

Baja barrera de entrada, **bajo coste** de salida. Comercio por internet.

Baja barrera de entrada, **alto coste** de salida. Hostelería, restauración.

Alta barrera de entrada, **bajo coste** de salida. Educación, Servicios profesionales.

Alta barrera de entrada, **alto coste** de salida. Telecomunicaciones, Energía.

Para comprobar la dimensión de tu mercado objetivo existen las técnicas de investigación de mercados.

Estas miden el mercado potencial para un nuevo producto, los compradores en función de características de edad, distribución geográfica, y propensión al consumo.

Todo ello con métodos sofisticados y métricas que están dirigidas en general a grandes empresas.

Pero la dimensión del mercado es mucho más sencilla que todo eso cuando se habla de pequeños negocios.

El método directo es, pongamos como ejemplo, un negocio de fabricación de zapatería deportiva para niño y hombre:

(*) Dimensión total poblacional (Datos del Instituto Nacional de Estadística). En el caso de España 46,725 millones de personas.

(*) Segmento poblacional masculino entre 16-64 años: 13,541 millones.

(*) Estimando una propensión al consumo, o sea, quién puede querer comprarse unas zapatillas en el plazo de un año, del 50% del segmento: 6 millones.

Si consumiesen un par de zapatillas anuales serían "6 millones de pares de zapatillas". Si además segmentamos por renta, si las zapatillas son de 100 o más euros por unidad, podríamos rebajar a una cifra de dos millones.

Está claro que el público objetivo es demasiado numeroso para la dimensión de un negocio pequeño en cuyo caso se impone usar el método inverso.

Básicamente consiste en ver hasta dónde eres capaz de producir teniendo en cuenta tus condicionantes técnicos, económicos y de mano de obra y poner tus esfuerzos de marketing y ventas en esa cantidad. Esa será de verdad la profundidad de "tu mercado".

Tres cuartas partes de lo mismo ocurre con los precios. Muchas veces se ofrece un producto de gran calidad, pero cuyo público objetivo lo considera caro, sin apreciar de verdad los factores diferenciales del mismo.

Si se baja el precio la ganancia desaparece, pero aún se lo sigue considerando caro respecto a la competencia.

Si se aplica el método inverso para calcular el precio, haces un estudio de cuánto están dispuestos a pagar y elaboras un producto que esté alineado en cuanto a costes y que te deje margen, aunque no sea tan bueno como el que en un principio querías ofrecer, será lo bastante bueno y además se venderá.

Para terminar, antes de dar por buena una idea de negocio, has de calibrar el volumen de mercado que tiene el deseo y/o necesidad al que te diriges, no tratar a la oportunidad como un "problema".

Por otra parte, tienes que ver hasta dónde puedes llegar en inversión en función de las barreras de entrada del sector al que quieres acceder. También valorar la profundidad de mercado desde lo que tú eres capaz de producir.

Y por último, a veces el mercado está "escondido" y se deja ver cuando eres lo bastante flexible para reconocer la necesidad de evolucionar el producto, en gama o en precio para que aparezca, como el genio de la lámpara, la gente dispuesta a adquirirlo.

Capítulo 7
Cuál es el mejor momento para emprender

Al igual que en la naturaleza, muchos de los elementos a tener en cuenta a la hora de emprender van a desarrollarse en el tiempo mediante un comportamiento cíclico.

Y, ¿qué es un ciclo?

Se habla de ciclo cuando asistes a la repetición previsible en el tiempo de cualquier fenómeno, de forma que cuando concluye, el estado final se aproxima al inicial y se produce un nuevo comienzo.

Hay tres ciclos que determinan cuándo son los mejores momentos para emprender, y son los siguientes:

1. EL CICLO ECONOMICO GENERAL. Ese del que estamos hablando todos los días en la calle y en los medios de comunicación.

Presenta cuatro fases bien definidas:

AUGE: Es el momento de euforia. Las "vacas gordas", es el punto más alto del ciclo, en el que se dice que la economía está en "máximos".

No es sostenible durante mucho tiempo, y en el peor de los casos da lugar a más de una burbuja (seguimos sufriendo la inmobiliaria), debido a la sensación de que estamos en el mejor de los mundos y esta situación va a durar para siempre. Tantas "alegrías" empiezan a causar disfunciones que se revelarán en la progresiva disminución del crecimiento.

Sectores que suelen funcionar muy bien en este periodo:

(*) **Celebraciones** de cualquier clase de eventos que se hacen "por todo lo alto".

(*) **Artículos de lujo**, tanto de consumo, como joyería, automóviles y viviendas de alta gama, segundas residencias.

(*) **Turismo y viajes internacionales.** Toda clase de "personalizaciones" en servicios: restaurantes exclusivos, experiencias de gourmet.

(*) **Diversificación de la oferta** de toda clase de productos de consumo, buscando la diferenciación y la segmentación al máximo (paquetes para una sola persona, comidas preparadas por chefs, detergentes especiales).

RECESION. Se llama así cuando la economía empieza a deslizarse por el tobogán de la fase descendente. Se produce una bajada importante de los indicadores de inversión, se reduce la producción y se produce desempleo.

Cuando además se desarrolla en poco tiempo aparece la "crisis". Es ese momento en que las "vacas" están adelgazando.

Esta etapa es más fácil de sobrellevar para los sectores que se adaptan a la disminución progresiva del poder adquisitivo:

(*) Disminución de las referencias en el comercio al por menor. Eliminación de los productos marginales o de nicho. Productos de marca blanca.

(*) Rebajas generalizadas para dar salida a los stocks que no se venden. Reducción del mercado de consumo.

(*) Aumento del mercado de vivienda en alquiler, tanto de oferta como de demanda ante la dificultad tanto de comprar como de vender a los precios que busca la gente.

(*) Oferta de vehículos centrada en coches pequeños y familiares, con importante disminución de precios manteniendo el nivel de equipamiento. "Persecución" de los clientes que preguntan. Gran intensidad en el mercado de segunda mano de vehículos.

(*) Toda clase de servicios de reparaciones de cosas que antes no se arreglaban, también de vehículos, que antes se sustituían.

DEPRESION: "tocando fondo". Ese sitio del que se supone que estamos saliendo ahora. Presenta un nivel de desempleo alto y una excesiva dimensión de la oferta respecto a la demanda existente por parte de los consumidores.

Los precios están en oferta permanente, pero eso no sirve para que la actividad se recupere, no solamente la renta disponible ha descendido, sino que la incertidumbre hace que los que sí podrían comprar prefieran esperar tiempos mejores.

La necesidad agudiza el ingenio, y estos momentos presentan un índice de ideas rompedoras espectacular, facilitado además por el desarrollo de Internet.

Desde la supresión de intermediarios en todo tipo de mercados, como por ejemplo el agrícola: naranjas directamente desde Valencia, productos ecológicos de la huerta, reparto de lácteos de la zona..,

A la introducción de nuevos canales de distribución, que están siendo especialmente significativos en el sector cultural, libros, películas, ebooks, productos culturales y formativos a través de la Red.

RECUPERACION. Es cuando la economía vuelve a crecer. Aumenta la inversión, mejoran las expectativas globales de empleo, producción y consumo y se va superando la sensación de crisis.

Como principal indicador de la fase del ciclo se utiliza el incremento o disminución del PIB (Producto Interior Bruto), que es el valor monetario de la producción de bienes y servicios de demanda final de un país.

Para saber cuáles son las perspectivas de forma anticipada, se utilizan indicadores que son alertas tempranas, varían de forma adelantada al ciclo (visados de obra, consumo de energía, recaudación fiscal).

Otras variables, como la muy importante del desempleo, es retardada respecto al crecimiento, lo que quiere decir que puede ir fácilmente más de un semestre por detrás del cambio de ciclo.

Este es el ciclo que marca en que periodo nos encontramos.

2. **LA ESTACIONALIDAD** de una actividad económica es la variación periódica y predecible de la misma con un periodo inferior o igual a un año.

Al igual que la meteorología y el funcionamiento de la naturaleza dan lugar a las estaciones del año, la actividad económica general presenta de acuerdo con éstas una clara variación estacional.

Así, las **compras minoristas** muestran un pico en las inmediaciones de las fiestas navideñas, tanto de productos especiales de alimentación, como otros que se dedican a regalos, y muy especialmente los juguetes para los niños.

En **el sector agrícola**, la demanda de empleo depende de las siembras y cosechas, así como la oferta de frutas y verduras está sujeta a la estación correspondiente.

El **sector turístico** tiene mejores resultados cuando la meteorología le es favorable, ya sea de sol y playa en verano, o de nieve en invierno.

También el **sector de la moda** se ve beneficiado o perjudicado por el clima, cuando se retrasan los comienzos de estación les cuesta mucho más colocar su oferta.

Los kioskos de helados y bebidas y la venta de castañas asadas son ejemplos típicos de negocios plenamente estacionales.

Este es el ciclo que esta relacionado con las variaciones del año, cuyo prototipo son las estaciones y que se repite siempre de la misma manera.

3. Y por último el **CICLO DE VIDA DEL PRODUCTO** y/o servicio que se oferta, en función de la evolución de sus ventas durante el tiempo que está presente en el mercado.

Este concepto procede del marketing. Dependiendo de la fase en la que se encuentre las condiciones para venderlo varían, y se aplicarán estrategias diferentes de precios, distribución y promoción del producto (también llamado "marketing mix").

Las fases son: Desarrollo (gastos), Crecimiento (comienzo ingresos), Madurez (máximo de ingresos), Declinación (descenso de ingresos).

En la introducción o lanzamiento, la publicidad ha de ser informativa, y el presupuesto de promoción mayor en comparación.

También el precio puede ser superior, apoyando la novedad, y la distribución es relativamente reducida.

Cuando un producto está en crecimiento o ya maduro, la publicidad se centra en la persuasión, hay menos presupuesto para promoción, el precio se ajusta para estar en mercado y la distribución está en máximos.

Cuando está al final de su ciclo de vida, la publicidad se orienta a mantener el recuerdo, el precio se mantiene o baja y la distribución vuelve a disminuir.

Podemos considerar un producto en fase de introducción y desarrollo las Google Glass, que se ha desarrollado y hecho algunas pruebas de marketing para ver demanda y precios.

En fase de crecimiento estarían aún las tablet, y ya como productos en madurez los ordenadores de sobremesa y portátiles.

El sector tecnológico que he puesto como ejemplo está sujeto a un envejecimiento acelerado, pero la mayoría de los productos de gran consumo tiene una madurez dilatada en el tiempo, y se revitaliza con cambios de propiedades, nuevas gamas y diferentes presentaciones cada cierto tiempo.

Este es el ciclo de vida de un producto.

Cuando se hace el análisis de Debilidades-Amenazas-Fortalezas-Oportunidades (DAFO), hay que tener en cuenta la fase del ciclo económico en la que te encuentras y si tu actividad va a favor o en contra de la misma, la estacionalidad (si la tiene) de tu principal producto o servicio y posibles maneras de compensarla, y si se trata de una novedad o ya lleva mucho tiempo en el mercado.

1. **La fase del ciclo económico** determinará si la actividad a la que te dedicas va a favor o en contra. No es que una joyería no pueda sobrevivir en la crisis, pero está claro que su mercado se estrecha considerablemente.

2. **La estacionalidad del producto o servicio**, si es significativa, precisará de medidas adicionales para compensarla.

Por ejemplo, los proveedores de actividades extraescolares durante el curso escolar, hacen campamentos en verano. El que se dedica a los helados en verano, puede poner un kiosco de chocolate con churros en invierno.

Otra variante de la estacionalidad es si el producto o servicio tiene un flujo continuo de clientes, o si es muy costoso conseguir cada uno de ellos.

Puedes hacer una instalación eléctrica en una fábrica (sólo la cobras una vez), y también diversificar con un contrato de mantenimiento (a cobrar todos los meses).

3. **La fase de vida** en la que se encuentre el producto. Si el producto es novedoso tiene mayor recorrido, pero también llevará tiempo desarrollar su promoción y venta.

Si tiene ya cierta madurez, es un buen soporte para tu empresa pero es necesario ir anticipando su posible declive.

Lo ideal es tener varios productos y/o servicios en diferentes etapas para ir compensando los riesgos.

En conclusión, hay un tiempo para todo, cuando decides cuál va a ser tu actividad principal, si tienes en cuenta la existencia de los ciclos y eliges la que vaya a favor de la mayor parte de ciclos posible, puedes aprovechar las oportunidades que presentan, y estarás avisado de los riesgos a vigilar, lo que incrementará tus posibilidades de éxito a la hora de emprender.

Capítulo 8

La importancia de los sistemas para ser eficaz

Nadie nace enseñado. Para casi cualquier tema que se te ocurra ya existe un proceso lógico y ordenado que los que nos preceden han trabajado y pulido hasta diseñar un sistema que funciona.

Otras personas ya lo han intentado y han pagado el precio del ensayo y la equivocación y han soportado el coste.

No hace falta reinventar la rueda. Aprender es subirse a los hombros de quienes te precedieron.

Te toca entonces nada más y nada menos que definir con claridad hacia dónde quieres ir. Si deseas tener éxito, un negocio que sostenga el estilo de vida que buscas, has de encontrar algo que para ti reúna los siguientes requisitos:

1. **Algo que te apasione, en lo que creas realmente y que te guste hacer.** Si no es así si tu propia opinión hacia tu producto o servicio es neutra o indiferente, tendrá como resultado que no te importará demasiado si tienes o no clientes, y que a la primera dificultad seria tires la toalla.

2. Algo en el que tengas **el potencial de ser el mejor (o del 10% mejor),** si la oferta de productos no es suficientemente buena, o no tiene potencial para serlo se dificultará vender y repetir la segunda venta con el mismo cliente.

3. **Que tu producto y/o servicio tenga mercado potencial** para hacer realidad tus metas financieras. Si el producto o servicio lo tienes que poner forzosamente a bajo precio puede ser por mala calidad, insuficiente promoción, mucha competencia, escasa demanda o mejores alternativas.

Una vez que te pongas en marcha, necesitas afinar la capacidad de detectar los cuellos de botella, donde se bloquean y atascan tus iniciativas, en muchas ocasiones debido a la falta de experiencia y que puedes mejorar por tus propios medios.

¿Cuál es tu problema principal? ¿Dónde podrías llegar si no lo tuvieras? ¿Qué puedes hacer de inmediato para iniciar su solución?

El emprendedor de éxito se concentra en la solución, no en el problema. Qué pasó o quién tiene la culpa no ayudan a saber qué es lo que se debe hacer para progresar.

A veces la idea inicial va evolucionando y variando de forma que muchos empresarios encuentran el éxito en áreas que no se imaginaban.

La flexibilidad facilita una reacción continua, probar cosas nuevas, abandonar lo que no sirve y volverlo a intentar una vez más.

La importancia de una actividad se determina viendo las consecuencias potenciales de realizarla o no realizarla.

Planificar la actividad y ajustar luego según lo que va ocurriendo son de las que marcan la diferencia. El no hacerlo puede ser la diferencia entre el ser o no ser.

Un 50% de tus esfuerzos y gastos debe concentrarse en **crear y mantener a tus clientes**. Sin ellos no hay negocio. Las ganancias son el resultado de conseguirlo a un coste razonable.

71

La satisfacción del cliente te dará la clave de tu éxito. Significa que te comprarán a ti y no a otros, que repetirán sus compras y que te traigan a sus amigos, eso te dará crecimiento y rentabilidad.

Agrega valor ¿cómo?. Incrementa la calidad, reduce el coste, acelera la entrega, mejora el precio respecto a los competidores. Ha de mejorar la vida o el trabajo de tu cliente y continuar haciéndolo cada vez más. Así se crea el valor suficiente para poder tener ganancias.

El pulso de tu negocio son las ventas, la razón principal del fracaso es el bajo volumen de ventas. Cualquier sistema de ventas debe ser pensado y trabajado para optimizar sus resultados.

Como ya he comentado anteriormente, el **flujo de caja** debe estar cuidadosamente controlado, puesto que si te quedas sin efectivo se acaba tu empresa. También la rentabilidad de los productos y servicios debe estar trabajada, por la misma cuestión.

Toda empresa necesita un sistema.

Un sistema es un proceso paso a paso, una descripción completa de todo lo que hay que hacer para gestionar algo de una manera homogénea y con un **resultado consistente y**

predecible. La clave es la "capacidad de reproducir" lo que se hace.

Una vez implementados estos sistemas la empresa podrá operar en "piloto automático" y mejorar sus resultados. Te permitirá poder delegar y externalizar algunos servicios manteniendo tus estándares de calidad.

Cuando se empieza, inviertes mucho tiempo y esfuerzo además de gastos para que tu negocio comience a funcionar.

Al principio, el sistema para que funcione está "en tu cabeza", si no sistematizas el saber-hacer desarrollado no puedes sacarle verdadero partido.

Puedes determinar a qué te dedicas que tenga más impacto, como la investigación y desarrollo del negocio, y a las tareas que más te gustan. Para poder seguir aprendiendo siempre, mejora continua. Para poner en práctica lo aprendido, de forma sistemática. Y persistir todo lo que haga falta.Todos los negocios tienen tres actividades básicas comunes, que si tienen algún problema pueden volverse críticas:

1. Promocionar y vender el producto o servicio.

SISTEMA DE VENTAS. Marketing, publicidad y promoción. Conversión de clientes potencialmente interesados en clientes compradores.

SISTEMA DE SERVICIO AL CLIENTE. Seguimiento, necesidades y quejas, contacto regular con los clientes, presentación de nuevos servicios.

2. Producir y entregar el bien o servicio producido.

SISTEMA DE PRODUCCIÓN, facilitará calidad, eficiencia y continua reducción en costes.

SISTEMA DE ENTREGA, mínimas demoras y alto nivel de calidad.

3. Dirigir y administrar las finanzas y actividades de la empresa.

SISTEMA DE CONTABILIDAD Y FINANCIERO. Conocer siempre donde está el dinero y cómo circula.

SISTEMA DE PERSONAL. Colaboraciones y delegaciones.

Cuando se está en un negocio pequeño y unipersonal puede parecer que no llegas a todo. Si bien es cierto que hay muchas cosas a las que prestar atención, el esfuerzo de poner en marcha un sistema puede liberar tu tiempo y tus energías cuando lo consigas.

En el área financiera es tan sencillo como poner una checklist con una serie de tareas, diarias, semanales, quincenales, mensuales, que en el peor de los casos te pueden llevar de 10 a 20 minutos, pero que te dan el control sobre dónde está tu dinero y qué vas a hacer a continuación.

<u>Saber cuales son los puntos criticos e indelegables</u> y asegurarte de estar informado y comprenderlos bien.

Aunque parezcan muchos puntos, lo cierto es que el negocio no es grande, motivo por el cual funciones que precisan departamentos enteros en grandes empresas las puedes despachar en un cuarto de hora, pero no por ello son menos importantes para asegurar el buen funcionamiento de tu negocio.

Si organizas tu negocio, sistematizas en lo posible los procesos, y delegas lo necesario (externamente, o si creces en colaboradores), liberarás tiempo para seguir desarrollando la excelencia en lo que haces.

Pasas de conducir el coche pensando en qué marcha metes, a ver el tráfico y divisar el hueco por donde puedes avanzar.

Un navegante solitario en un velero sabe tirar de todos los cabos para que se muevan las velas.

Su conocimiento le sirve para cuando ya tiene tripulación ir delegando las tareas más repetitivas y de menor importancia, pero, aunque pueda tener un timonel seguirá siendo su privilegio y su responsabilidad marcar el rumbo a seguir y comprobar que efectivamente es el que se está siguiendo, y en caso necesario tomar la decisión de cambiarlo.

Capítulo 9

Para vivir con ingresos irregulares, sigue la regla de tres

¿Cómo organizas tu vida económica con ingresos irregulares, sin saber cuánto y cuándo vas a cobrar la próxima vez?

Un factor decisivo para seguir siendo emprendedor es que tu negocio te permita vivir como tú quieres, dedicándote a lo que te gusta y sabiendo en todo momento dónde estás y hacia dónde quieres ir en lo económico, entendido como base de todo lo demás. Si no hay soporte económico se acabó el negocio.

Cuando trabajas por cuenta ajena no te das cuenta, o simplemente te has acostumbrado a que hay una serie de cosas que hacen por ti directamente, como son:

❖ Descontarte directamente el IRPF ("la Renta"), ajustándolo para que la aportación final sea mínima.

❖ Cotizar a la Seguridad Social para tener en el futuro una pensión.

❖ Apartar un porcentaje de tus ingresos para formación obligatoria.

❖ En algunos casos, aportar a un plan de pensiones de empresa, y o seguro médico privado. Esto último suele contar como pago en especie (o sea sin dinero).

Al final, el dinero efectivo que llega a tus manos es aproximadamente un 60% del coste salarial total que la empresa te paga, y no llegas a ver todo lo demás.

Cuando pasas a funcionar por cuenta propia el dinero que cobras por tus servicios tiene que seguir la misma distribución, pero esta vez tendrás que ser tú mismo el que reparta, ya que el pago de impuestos es obligatorio, y si no lo satisfaces a su tiempo es de lo más problemático que te puedes encontrar (demandas, ejecuciones, embargos de cuentas).

Cuando recibes un ingreso, para ver qué haces con él, sigue la regla de tres, tienes que tener tres cuentas:

1. **Primero, la cuenta de los impuestos**. Habitualmente y dependiendo de tu actividad, IVA e IRPF.

Aquí va directamente el porcentaje destinado a su pago, lo que hay aquí es solamente para eso, a tus efectos, como si no existiera, si luego sobra eso que te encuentras.

2. **Segundo, la cuenta del negocio**, da igual que seas autónomo o sociedad, aquí van los pagos a proveedores, los recibos de todo tipo, el pago de Autónomos, si lo tienes, los abonos de nómina si tienes empleados, los pagos a gestoría, alquiler si lo tienes.

Si tienes cuenta de crédito, estará combinada con ésta para que nunca se quede ninguna obligación sin pagar.

El tráfico de dinero de esta cuenta tiene que estar previsto, haciendo planes de tesorería por anticipado, o sea, tienes que saber con un mínimo semanal qué pagos tienes y con qué ingresos los vas a satisfacer para poder cuadrarlos y no llevarte sorpresas.

3. Tercero, tu cuenta personal. En ésta es donde tendrás tu economía doméstica, tus necesidades de alimentación, compra de vivienda, vehículo, vestimenta, ocio.

También tienes que planificarla, puesto que necesitas una cantidad fija mínima para vivir y si no has ingresado en el mes en curso dicha cantidad, de algún sitio tendrá que salir.

Esto nos lleva a la siguiente regla de tres, cuando se depende de ingresos irregulares, para tener recursos que equilibren los meses que se gana más, con los que se gana menos, es imprescindible tener **tres reservas monetarias:**

1. Fondo de emergencias. También llamado popularmente "colchón". Su importe óptimo se suele considerar entre tres y seis meses de gastos necesarios mensuales.

Es el que te da margen de maniobra si algo imprescindible y caro se rompe, o si sufres un impagado, o algún suceso imprevisto te impide trabajar.

2. Fondo de amortiguación. Los meses que se gana más dinero, una vez descontados los impuestos y los pagos, el excedente se va acumulando en este fondo.

Es el que nos permitirá afrontar los tiempos de menores ingresos sin merma en nuestro nivel de vida.

Su utilización es continua, y si se gestiona bien se puede llegar a tener un fondo constituido de hasta seis meses de gastos que nos de solidez.

3. Inversiones y metas financieras. Aquí encuadras tus objetivos de ahorro, tanto personales (unas vacaciones, un vehículo nuevo), como profesionales (formación, un ordenador nuevo), y como objetivo de largo plazo, la necesaria constitución del ahorro para la jubilación (que no necesariamente ha de ser un plan de pensiones).

Los dos primeros fondos han de estar colocados en productos financieros a corto plazo, que permitan una liquidez inmediata, para así poder cumplir con su función preventiva.

El último podrá estar colocado en inversiones diferentes en función del plazo en que se van a necesitar.

Para que el sistema funcione bien tienes que fijarte en dos magnitudes principales:

La primera: si ya llevas tiempo en marcha, recoge los datos de tus ingresos en el pasado año y determina tres valores, el máximo, el mínimo y la media del todo el año.

El valor del máximo y del mínimo y en qué momento se produjeron te darán la pista de los meses con mayores necesidades.

A partir de la media (la suma de todos los ingresos mensuales, dividido por doce), puedes calcular tu presupuesto de gastos, si bien es aconsejable tomar un tercio menos de la media para ajustarse mejor a imprevistos.

La segunda: cuánto necesitas (de verdad) para vivir teniendo en cuenta vivienda, alimentación, transporte, vestimenta, y ocio.

Si lo infravaloras empezarás a tirar de aquí y de allí y no podrás coger el ritmo. Ajusta lo que puedes gastar en función de los dos tercios de la media que has calculado antes.

Si un mes ganas menos de dicha cantidad, tomarás el resto de tu fondo de amortiguación, si por el contrario ganas más, ingresarás el sobrante en dicho fondo.

Cuando por el contrario, estás en la fase inicial de tu negocio, tienes que tener en cuenta que habrá un periodo de ajuste, en el que éste apenas dará ingresos, pero tienes que vivir.

Por este motivo, como ya indiqué en el capítulo 1 es necesario tener un ahorro reservado para tal fin hasta que tu empresa arranque, que puede ser hasta de dos años.

En resumen, el enfrentarse a la administración de tus finanzas con ingresos irregulares, es absolutamente necesario desde el momento que eres tu propio patrón.

Utilizando este sistema, tienes la tranquilidad de tener tus gastos imprescindibles cubiertos y aspirar a otras metas financieras, saber si puedes expandir tu empresa, continuar tu formación, asegurar tu jubilación, y tener la confianza de no llevarte sustos ni disgustos.

Además una planificación adecuada te permitirá conseguir ese estilo de vida que deseas y para el que estás dispuesto a trabajar.

Sigue la regla de tres y despejarás la incógnita de qué hacer cuando no tienes una nómina a fin de mes, sólo es otra forma de organizarse igual que has elegido otra forma de vivir.

María Ángeles González

Capítulo 10

Descubre cómo financiar tu negocio

Financiar un negocio es algo más que buscar dinero para que arranque, y hacerlo de forma eficaz requiere identificar sus necesidades. Estas varían en función de las siguientes características:

¿Cuándo? En qué etapa se encuentra el negocio

➢ Cuando se está empezando para financiar el capital de puesta en marcha (oficinas, ordenadores, almacenes…). Se trata de una inversión grande que se financia poco a poco. También tienes que financiar el capital de funcionamiento que son los gastos corrientes.

Durante esta fase, como el negocio no tiene capacidad de endeudamiento, y no puede pagar, todos sus recursos financieros proceden de los socios. Si es de origen bancario, será la que puedan conseguir pagándola ellos directamente.

➤ En la etapa de consolidación, gestionar su tesorería, ya genera sus propios recursos, y su principal desafío debe ser liberarse de la deuda inicial (ya sea con los socios o con terceros).

➤ En la fase de expansión, que no todos los negocios quieren o necesitan, vuelve a necesitar más inversión en activos fijos y más financiación para el circulante.

En esta fase, lo más importante es calcular si la inversión vale más de lo que cuesta. Una empresa que funciona perfectamente, con un crecimiento descontrolado puede morir de éxito.

¿Dónde? En qué vas a meter el dinero

Hay dos alternativas, el **capital fijo** y el **capital circulante** y el peso de uno u otro dependerá del sector en el que nos encontremos.

En una empresa industrial, el capital fijo tiene un gran peso por sus propias características. No es lo mismo una fábrica llena de máquinas que un local comercial con cuatro ordenadores.

En cuanto al **capital circulante**, es importante tener en cuenta el volumen de efectivo que pueda requerir la gestión de tesorería por desfases entre periodos de cobro y pago.

Aunque siempre es importante, es en las empresas comerciales donde más importancia tiene.

La **necesidad de financiación de la tesorería** vendrá dada por las diferencias entre los plazos de cobro y pago. Lo habitual será que financies una parte con recursos ajenos.

Si sueles dar facilidades de pago a tus clientes, es buena práctica incorporar al precio tus costes financieros.

El plan de negocio puede ayudar a tener una visión general de en cuánto tiempo esperas tener beneficios y capacidad para devolver la financiación.

Invertir no es gastar. Es adquirir medios de producción que generen a su vez ingresos, no más gastos para mantenerlos.

¿Cómo? Fuentes de financiación. Tipos de operaciones.

a) La financiación propia:

Aquí está la autofinanciación y el apoyo de la familia o los amigos. Es la fuente más usada por los emprendedores, por las dificultades de conseguir financiación externa sobre todo al principio.

También se pueden incluir ayudas y subvenciones porque no se tienen que devolver.

b) La financiación de nuevos socios. Aparte del socio, o socios iniciales, puedes diferenciar tres tipos:

1. Socios capitalistas, colaboran invirtiendo únicamente dinero en la empresa, sin intervenir en la gestión del día a día.

2. Empresas de capital riesgo, suelen intervenir en negocios que ya han madurado, pero para llegar a su plenitud requieren de una fuerte inyección de capital (empresas de ingeniería, tecnología), pero ya con su modelo probado.

3. Business Angels. Son característicos de las empresas tecnológicas, apuestan por el emprendedor en las fases iniciales, pero supervisan estrechamente su inversión y presionan para conseguir un retorno de la misma en un plazo no excesivo de tiempo.

Te hacen perder la independencia en las decisiones, los socios añadidos tienen poder de decisión y sus motivaciones en cuanto al funcionamiento y rentabilidad de la empresa difieren de los tuyos, presionando a favor del corto plazo.

c) La financiación ajena:

La principal ventaja de la financiación ajena es que eres tú quien decide exactamente lo que necesitas, el compromiso es pagar su precio, los intereses y devolver el capital, no intervienen para nada en tu negocio.

El crédito lo suministran las entidades financieras tradicionales, más recientemente el crowdfunding que tiene un funcionamiento muy similar que se diferencia únicamente en que la entidad subasta el préstamo entre gente interesada en tenerlo.

Las **sociedades de garantía recíproca**, por último, son sociedades de avales en las que se juntan las PYMES con unos socios patrones que crean un fondo para avalarse unas a otras y conseguir un precio más bajo en su financiación.

Tipos de operaciones:

Para el activo fijo:

A medio plazo, de 3 a 5 años tienes préstamos para industria, comercio y servicios, con líneas especiales como el ICO.

En cuanto a los intereses, presupuéstalos a precio de mercado. Los préstamos especiales son eso, especiales.

Tienen que cumplir unas condiciones muy particulares en cuanto a destino e importe para poder contar con ellos. No te conviene presupuestar tus costes financieros con tipos subvencionados que a lo mejor no consigues.

Para el largo plazo (10 a 15 años máximo) encuentras los préstamos de garantía hipotecaria, para naves y locales comerciales.

En éstos es interesante conseguir el aval de una sociedad de garantía recíproca para que resulten más baratos.

Para el activo circulante: Son operaciones concedidas por un año y revisadas a la renovación.

➤ **Cuenta de crédito:** depende de la capacidad de pago del negocio y se adapta a la facturación del mismo por lo que no se suele conseguir al comienzo.

Tiene un límite definido como máximo y funciona haciendo ingresos y cargos, sin depender de una operación comercial concreta. Si vence y no se renueva hay que pagarla en su totalidad.

➢ **Línea de descuento comercial:** se trata de un anticipo de pago de una operación comercial concreta. Los pagarés y las letras de cambio están cayendo en desuso y siendo sustituidos por el confirming.

Si tienes un buen cliente, y te paga aplazado, muchas veces te dirá que puedes usar una línea, pagando tú claro los intereses, que incluso tiene abierta en el banco, para anticipar el efectivo.

La **cuenta de crédito** te la conceden si tu crédito es bueno y la **línea de descuento** comercial, si tus clientes son buenos.

Y lo que nadie te dice sobre la financiación, sobre todo al principio:

✓ Si tienes **socios financiadores** pierdes gran capacidad de decisión. Debes pedir permiso para decidir en qué gastas el dinero.

✓ Cuando precises de **financiación ajena** para tu proyecto, ten cuidado antes de empezar a gastar, la operación no sólo ha de estar presentada y aprobada, sino con el **dinero en tu poder,** o sea, ya firmada y desembolsada.

Si no puede ocurrirte perfectamente que empiezas a gastar y luego no te conceden la operación, en el mejor de los casos la consigues en otro sitio y ya agobiado porque la necesitas como sea.

En el peor, no puedes continuar por falta de financiación. Te puedes encontrar con una inversión a medias que no te sirve para nada.

✓ **Las subvenciones** no pueden ser la piedra angular para que tu proyecto tenga éxito. Si no prevés que va a ganar dinero con el propio negocio, una subvención no lo va a remediar.

Te quitan mucho tiempo para averiguar qué te pueden dar, quién, cuánto y cómo, y preparar la correspondiente documentación que parece que estás haciendo unas oposiciones, y nunca puedes estar seguro de que te las concedan.

Si te las dan, siempre será cuando ya no te hagan falta, luego tienes que tener el dinero por adelantado para poder invertir.

✓ Cualquier inversión que hagas te la van a **financiar al 70%** como máximo. Tienes que tener el resto. Esto es así siempre, salvo en el caso del leasing, que sí se financia al 100% vehículos o maquinaria, pero es un arrendamiento.

✓ Hasta que el negocio crezca y se desarrolle, **siempre vas a tener que avalar** las operaciones. Si tú no crees en tu proyecto ellos tampoco lo van a hacer.

No siempre ha de ser un aval personal, también puede ser hipotecario, o con otra clase de garantías como inversiones o plazos fijos, pero siempre una garantía complementaria.

Capítulo 11

¿Por qué el emprendedor necesita saber manejar el dinero?

Motivos para controlar tus finanzas:

Con toda la ilusión del mundo te pones manos a la obra a realizar el sueño de tu vida. Pero hay algo que te pone nervioso, ¿qué hago con los asuntos de dinero?

Lo primero que se te ocurre es simplemente que "te lo lleve la gestoría". Y de lo demás, vas dándole vueltas a las cuentas según lo que tengas que pagar, cogiendo un poco de aquí, un poco de allá y allá que vamos.

Luego, no resulta sorprendente que en cuanto hay más movimiento y las cosas se complican, cuando aparentemente tenías que tener dinero, se acaba y no sabes ni por qué.

Y esto, ¿por qué ocurre?

1. Porque la **contabilidad** es una cosa y **dónde está el dinero** otra muy diferente. Aunque son complementarias no coinciden.

Una cosa es vender y otra cobrar (por ejemplo dentro de tres meses) y otra gastar o pagar (casi siempre te toca de inmediato).

Como ambas no van de la mano, el movimiento que se genera para tener atendidos tus pagos tiene su propia dinámica que es la previsión de tesorería.

Tienes que aprender a tener controlado qué va a pasar con todos tus ingresos y tus pagos en los próximos 30 días si no quieres tener sustos.

2. Los conceptos académicos son eso, académicos.

Muchas veces confunden en vez de aclarar. Realmente necesitas un utilitario para llevarte al trabajo, no un Ferrari para el circuito de F1, y aunque la información pueda ser valiosa te resulta excesiva y, sobre todo, fuera de contexto.

Muchos indicadores son estupendos para empresas grandes, pero casi sin significado útil para una pequeña.

3. La más famosa escuela de hostelería del mundo, en Lausana (Suiza), forma a los **mejores gerentes** de hoteles de cinco estrellas por todo el mundo.

Uno de los principios que mantienen desde su fundación es que todos ellos han de saber hacer las camas como el mejor, picar las verduras en la cocina, y servir la mesa a la perfección. Es norma de la casa que sólo el que sabe hacerlo está en condiciones de valorar:

a) Si se ha realizado el servicio con la calidad necesaria,

b) Cuánto cuesta llegar a ese resultado (tiempo, experiencia, interés), y apreciarlo en los que lo hacen,

c) Y saber hacerlo con el suficiente nivel si se ve obligado por las circunstancias.

Lo mismo te ocurre a ti con las finanzas de tu negocio, si sabes lo suficiente:

a) Sabrás si vas por buen camino y de verdad ganas dinero,

b) Valorarás el servicio financiero que recibas de bancos y gestores y si se puede hacer mejor y más barato.

c) No dependerás de nadie para tomar decisiones vitales, porque sabrás qué datos necesitas.

4. Lo cierto es que todo lo que se supone que "deberías saber" tiene tal volumen que resulta demencial.

Pero, no hace falta toda esa información para conseguir hacerlo con éxito. Cuando empiezas con las finanzas de tu negocio, con colocarte una plantilla (cómo manejar la tesorería) y cuatro indicadores para empezar (de inversión, gasto, rentabilidad, clientes), y el resto, en función de lo que vayas necesitando.

Lo peor que puedes hacer es inmovilizarte por exceso de información (y falta de acción). Las preguntas te irán surgiendo según vayas trabajando y sabrás lo que necesitas.

Ponte en marcha y ya irás cogiendo rodaje, de lo contrario te puede ocurrir que nunca seas capaz de distinguir lo importante de lo que no lo es. Si vas practicando y aprendiendo lo conseguirás.

Y ¿cuáles son las fases por las que pasas para aprender?

1. No sabes que no sabes

Ignorancia feliz, no solamente desconoces lo que te hace falta, ni siquiera te das cuenta de ello. La actividad en cuestión no significa nada para ti, no experimentas ninguna necesidad de conocer nada al respecto. Tal vez ¿cómo dedicarte a la cría de focas en el Ártico?

2. Sabes que no sabes

Cuando empiezas a funcionar, y te das cuenta de que no es tan sencillo como parecía, pero te sientes abrumado por lo que hay que saber de todo, y lo del dinero te agobia especialmente y se lo dejas a otros.

Tienes que estar pensando cada cosa que haces, y es agotador. Hay mucha gente que abandona en este momento.

Es igual que cuando aprendiste a conducir, cuando estás en la autoescuela, y un año después, estás venga mirar que si el embrague, el acelerador, el espejo de fuera, el de dentro, la marcha para arriba y para abajo, y Dios mío, la rampa y el freno de mano. Ya no hablemos de aparcar. Y de mirar por dónde van los otros coches.

3. Sabes que ya sabes

Pero en algún momento, empiezas a darte cuenta que aún sin ser experto, vas acumulando la experiencia suficiente para dominar una parte del proceso, lo que resulta bastante satisfactorio.

La parte que aún no dominas demandará que vuelvas a la fase 2 hasta llegar a la tres y así sucesivamente hasta que llega un momento en el que, ¡por fin!

4. No sabes que lo sabes

Aquí, ya llevas varios años conduciendo, sólo te fijas en arrancar y piensas adónde vas a ir, olvidando que por medio va que tienes que conducir. El hecho de conducir se ha vuelto casi automático.

Esto te ocurre cuando miras tus números y los tienes tan conocidos que de una ojeada ya sabes si van bien o no, y además has acumulado experiencia sobre lo que hay que hacer en función de lo que veas. También hay que tener cuidado, porque el exceso de confianza puede jugar malas pasadas.

En conclusión, lo cierto es que no necesitas ser un auténtico experto en materia financiera, pero si necesitas serlo de las finanzas de tu propio negocio.

Esto solamente lo puedes conseguir si tienes claros los conceptos fundamentales, los indicadores a seguir y su significado.

Si en algún momento requieres más profundidad, análisis o contabilidad lo puedes delegar pero siempre sabiendo qué estás buscando.

En caso contrario te puedes encontrar con que las personas que se ocupan del tema no te dan las alertas necesarias para poder rectificar a tiempo las decisiones. No te engañes, a nadie le importa tu negocio tanto como a ti, y tampoco es ése su trabajo.

El problema del plan financiero o de viabilidad que se suele hacer casi como la Biblia al principio de muchos los negocios, es que no está orientado a la gestión.

Su auténtica finalidad suele ser el de presentarse a otras personas que tiene que financiarte o darte alguna subvención o alguna clase de ayuda, pero realmente no son demasiados los casos en los que se hace de verdad para ver los puntos fuertes y débiles de la empresa.

Por muy bueno que sea el plan que te haya hecho alguien si no tienes claro el motivo por el que se hizo, y realmente no entiendes de que va, al primer choque con la realidad, te puedes encontrar con que no sabes adaptarlo a las circunstancias que te vas encontrando y eso supone que es inservible para lo que tú necesitas.

Seguro que no consentirías en ningún caso montarte en un coche en la parte de atrás con los ojos tapados y que alguien que desconoces en el asiento del conductor te llevara adonde él quisiera.

Pues es lo que todos los días hacen muchos emprendedores cuando se empeñan en decir que son "de letras", "lo del dinero no es para mí" y "con entenderme con lo mío tengo bastante".

El saber de verdad qué estás haciendo es un buen motivo por el que un emprendedor necesita saber manejar el dinero en su negocio.

Capítulo 12

¿Sabes para qué te sirve un banco?

A por fruta, vas a la frutería, a por clavos, a la ferretería, y a mover dinero, pues vas al banco.

En cambio, a diferencia de las manzanas, que ves claro cuando son grandes, pequeñas o no están muy allá, o de los clavos, que los pides de determinada longitud y forma, no sabes muy bien que esperar de los servicios que ofrece un banco, ni cuánto te van a costar.

Y QUE ES UN BANCO

Un banco es una empresa comercial, cuyo negocio consiste en captar recursos monetarios como depósitos, y prestar ese dinero, así como a proveer servicios financieros. Estos facilitan el movimiento y la circulación del dinero en el sistema económico.

* Un servicio bancario típico es **el cobro de recibos**, para lo que en su día, las distintas compañías de servicios utilizaban cobradores a domicilio para recaudar.

* Otro, el de la **compraventa y depósito de acciones de Bolsa**, el banco intermedia las operaciones y tiene a nombre del cliente los títulos comprados.

La banca, o el sistema bancario, es el conjunto de entidades o instituciones que, dentro de una economía determinada, prestan el servicio de banco. Un banco solo serviría de poco, para que pueda prestar muchos de sus servicios necesita que haya más bancos en otros sitios para transferir dinero, hacer pagos internacionales, tener cajeros en todo el mundo, etc.

En el manejo de tu dinero, tanto personal como de tu negocio, entender para qué te sirve un banco puede facilitarte mucho la vida y ahorrarte bastantes costes. Unas relaciones bancarias bien llevadas te ayudarán a gestionarte mejor.

PARA EMPEZAR A TRABAJAR CON UN BANCO

1. Calcula tus necesidades y tus costes bancarios.

En primer lugar, no es lo mismo operar en un banco como un particular para tu economía doméstica, que para un negocio.

Tienen diferente consideración a la hora de contratar productos específicos y condiciones y precios de los servicios diferentes.

Suelen distinguir entre particulares, autónomos y pymes y grandes empresas.

Dependiendo de cómo lo contrates, puedes pagar por todo, o conseguir precios mejores.

Casi todos los bancos tienen también la opción de la Oficina Online, donde puedes hacer muchas gestiones y de forma más económica.

Los tipos de operativa y productos más habituales son:

*Cuenta corriente, permite todo tipo de cobros y pagos, su coste suele ser comisión por mantenimiento, anual una sola vez, y por apunte, o sea cada vez que haces una operación.

A veces están bonificados 10 ó 20 apuntes que son gratuitos y en adelante cobran. Si tienes muchas operaciones es necesario vigilar este tema.

Importante cuestión es evitar los **descubiertos en cuenta**, que es disponer de más dinero del que tienes.

Esto puede ocurrir si te viene un pago y por hacerte un favor y no devolverlo, te quedas con el saldo en negativo. Aunque sea por poco dinero, te encontrarás con una comisión fija.

*Cuenta remunerada: no te permite tener ningún tipo de cargos ni abonos, sólo meter y sacar dinero, a cambio tiene una pequeña remuneración (ahora suele ser bajísima, ya que los tipos de interés están por los suelos).

*Transferencias (entre tus propias cuentas, en ese caso traspaso), o a otras, dependiendo del destino, nacional o internacional, y del importe se calcula la correspondiente comisión.

*Servicio de TPV (datáfono), para poder cobrar con tarjeta, tiene coste de mantenimiento mensual (aunque no hagas ni una operación), y una comisión por cada operación.

*Servicios de ficheros informáticos, para cobros y pagos a varias personas se suelen digitalizar:

- **Para cobrar recibos**, tiene. comisiones por volumen y comisión por devolución si alguien lo devuelve), el dinero que deposite en tu cuenta está sujeto a retención, ya que pueden devolverte los recibos durante 60 días.

- **Para pagar nóminas** (comisiones por volumen y por destino).

Ten en cuenta también los costes de correspondencia en papel que cargan muchas entidades.

2. Aprovecha los paquetes integrados para empresarios y autónomos.

Suelen ofrecerte paquetes de servicios básicos, como los que hemos descrito, con tarifas planas:

Cuenta corriente, sin mantenimiento ni apuntes + transferencias gratuitas en ciertas condiciones, o un número determinado
+ tarjeta de débito gratuita,

A cambio te pide varios requisitos, como hacer cierto número de transferencias, de ingresos, de operaciones de TPV. El banco se asegura volumen y a ti te sale más barato.

También te suele pedir que pagues nóminas, impuestos o seguros sociales a través de su cuenta, así se asegura de que siempre tengas dinero para cubrir tus obligaciones y te sea más cómodo tenerlo en ese banco y no en otro.

Eso sí, asegúrate de comprender bien las condiciones de lo "gratis". La contrapartida es que cuando no cumples las condiciones pactadas puedes encontrarte pagando por todo sin saber lo que pasó.

3. Pon especial cuidado en gestionar tu relación habitual con el banco.

Ten siempre a ser posible el mismo interlocutor, o como mucho un segundo más, que se sepa "tus cosas" y lábrate una buena fama. El ser formal se valora mucho.

Acostúmbrate a tener controladas de cerca las cuentas, sobre todo ahora que con el online es muy fácil y no lleva mucho tiempo.

Si ves algo que no debería estar, una comisión que no esperabas, un cargo de un proveedor que no tendría que haber pasado, ponte en contacto de inmediato para solucionarlo, cuando antes lo hagas más fácil resultará arreglarlo.

Hay veces que son errores, pero otras pueden ser casos de gente que tiene tus datos de mala fe y puede perjudicarte. Merece la pena eliminar el factor "sorpresa".

Otro tipo de operaciones muy comunes en la gestión de un negocio son:

Gestión de puntas de tesorería: Se llama así cuando "te sobra el dinero", porque tienes en cuenta mucho más de lo que necesitas para hacer frente a tus pagos.

Te suelen ofrecer algún producto financiero a corto plazo para ganar algo de interés en el tiempo que no lo necesites por corto que sea.

Operaciones de financiación: Pueden ser de corto o largo plazo, y ya las comenté en el capítulo 10. Son la Cuenta de crédito, Línea de descuento, Préstamos de distintos vencimientos para inversiones y Avales y Garantías.

En cuanto empieces a ganar volumen, diversifica. **Ten más de un banco.**

No debes depender de un solo proveedor para tus necesidades financieras. En cuanto la empresa crezca un poco ten dos bancos, y con algo más de volumen, tres o cuatro.

Se trata de repartir el negocio bancario que produces entre varios, la competencia es muy sana y así conseguirás mejores condiciones, como con cualquier otro proveedor.

Si en un momento dado necesitas financiación si estás en un solo banco y te la niega estarás en muy mala posición para buscarla en otro, y en ese momento no puedes improvisar.

Por buena que sea la relación que tengas con ese uno, a veces no depende de tus interlocutores, ni de lo bueno que seas, sino de la política general del banco en ese momento y te puedes quedar vendido.

Si además compartes operaciones con varios bancos, todos se sienten más tranquilos al ver que los otros también confían en ti y te darán mejores precios y condiciones en las garantías.

Cuando toque renovar las operaciones a un año, puedes pedir precios y elegir la que más te convenga.

En conclusión, un banco te sirve para que tu dinero circule en el sistema. En la economía moderna es un servicio imprescindible, y te conviene conocer en detalle lo que puede ofrecerte según el tipo de negocio al que te dediques. No menos importante es que sepas ver también los costes a tener en cuenta cuando lo utilices.

Por otra parte, tener más de un proveedor, en este tema como en otros, es una medida de seguridad para no quedarte colgado y además estar mejor considerado, a la hora de conseguir buenas condiciones

Capítulo 13

Cuenta de crédito. Instrucciones de uso

Si existe un producto bancario indispensable para la buena organización de un negocio, ése es la cuenta de crédito.

También hay pocos más injustamente denostados, precisamente por lo difícil que resulta respetar sus normas de uso.

¿Qué tiene de especial la **cuenta de crédito**?

Es un instrumento apropiado para gestionar la tesorería de forma que nunca te quedes "corto" entre cobros y pagos.

Sabes que tus cobros son irregulares, pero hasta cierto punto previsibles en fecha. En cuanto a los pagos que tienes que realizar, conoces con toda claridad sus vencimientos y sus importes.

Si por ejemplo, cobras a 60-90 días y tienes que pagar la mayoría de tus gastos a 30 días, te surgirán momentos en los que precisas "ajustar".

También podrías hacerlo con tu propio dinero, en el caso de tener efectivo a tu disposición reservado a tal fin.

Sin embargo lo más frecuente es recurrir a la cuenta de crédito, y si te sobra tesorería tenerla rentabilizada en activos financieros a corto plazo.

La característica más interesante de una cuenta de crédito, que hace que su utilización correcta sea tan difícil es que teniendo una cantidad total para disponer o "límite", puedes disponer únicamente lo que necesites y volver a ingresar para dejarla de nuevo a cero como antes del desfase, y tener la posibilidad de hacerlo una y otra vez.

El interés que se te cobrará será el pactado previamente y solamente por la cantidad que hayas utilizado.

Podemos asimilar su funcionamiento al de otro conocidísimo producto bancario, que en este caso sería la tarjeta de crédito.

Si la tarjeta de crédito la usamos en la medida que necesitas y la pagas en el mes, dejándola de nuevo a cero, no ocasiona ningún problema especial.

Si en cambio, aplazamos los pagos, acabamos disponiendo de todo el límite y viéndonos con una deuda que al principio no tenemos.

En el caso de la cuenta de crédito, la no reposición sistemática de las cantidades dispuestas, te lleva a ir gastando el límite concedido en su totalidad hasta que se agota, momento en el cual te encuentras con una nueva deuda, que antes no tenías, y sin poder cubrir los desfases de tesorería.

Pero en este caso, a diferencia de la tarjeta, que se va renovando mes a mes, aunque no consigas reducirla y mantengas pagos mínimos, sí tenemos vencimiento explícito.

La cuenta de crédito es una **operación a corto plazo,** que tiene un periodo temporal en vigor habitualmente de un año. Incluso puede ser de menos tiempo, cuando se concede "a prueba" puede ser incluso de seis meses.

Una vez terminado el periodo pueden pasar dos cosas, que **se renueve** (o sea, que te la vuelvan a dar), o **que no** se prorrogue. En este último caso, tienes que abonar la totalidad del dinero que has dispuesto.

Si esto llega a ocurrir, lógicamente puede pasar que no tengas disponible dicha cantidad.

Para poder cobrar te la "convierten" en préstamo, renovándola como "cuenta de crédito con reducciones de límite", te comprometes a pagar en ciertos plazos, y una vez pagada no puedes volverla a utilizar, de facto es como un préstamo, que se va amortizando y disminuyendo la cantidad debida. Este banco te "cerrará el grifo" para los restos.

¿Cómo se llega a esta situación?

En primer lugar, por quedarte corto a la hora de solicitar el importe que consideras necesario.

Como es natural, y en principio parece lógico, quieres pedir lo menos posible, para pagar menos intereses por una parte, y por otra facilitar su concesión.

Ajustar demasiado es un error porque nos podemos encontrar con que nos quedamos "cortos" con lo que necesitamos, con lo cual no sirve para cubrir los desfases en su totalidad y nos podemos encontrar con los descubiertos en cuenta corriente que queríamos evitar.

No es como un préstamo, si lo necesitas dispones y pagas interés, si no lo necesitas te cobran una comisión sobre el importe no utilizado, cantidad que no suele ser importante y desde luego para nada equiparable con los intereses.

Lo más recomendable es que utilizando la historia de la tesorería de tu negocio veas que mes has tenido obligaciones más altas, y sobre ese importe excedas al menos el 10%.

Si te conceden una cuenta de crédito, y sistemáticamente está utilizada en más de un 90% puede ser también porque tu negocio vaya bien y necesites más financiación.

En este caso, la mejor decisión es la de diversificar tus proveedores de dinero, que no otra cosa son los bancos.

Al pedir una cuenta de crédito en otro banco tienes varias ventajas, ya no dependes de una sola entidad, y además ambos están más tranquilos porque el otro se "fía" de ti.

En cuestión de bancos la confianza tiene un precio, y eso se puede reflejar también en el tipo de interés de las nuevas renegociaciones.

La mejor jugada en cuanto a tu gestión de la tesorería es combinar tu cuenta corriente con la cuenta de crédito, y junto con la gestión de tus cobros y pagos, de los impuestos y otros servicios negociar como un "paquete" global la concesión de la misma. Aunque en un primer momento se conceda sólo por seis meses, es mejor pedirla desde el principio, antes que quedarse "pillado" y tener descubiertos en cuenta corriente que te generarán un mal historial de cara a pedir cualquier operación de crédito.

En conclusión, la cuenta de crédito es la típica operación que hay que tener "por si acaso", con la idea de usarla lo menos posible.

Eso sí, como va a ser un paraguas, que nos tape enteros, y que un banco nos dé el paraguas y el otro el impermeable, que la competencia es muy sana para todos.

Capítulo 14

Avales y garantías, los grandes desconocidos

Una de las figuras más incomprendidas dentro del ecosistema bancario es la del **aval y la garantía**. Hay una confusión muy habitual para diferenciar conceptos, de forma que no se sabe exactamente de qué estamos hablando.

¿Y qué es un aval?

El **Banco de España** define el aval de la siguiente forma:

"El aval es una forma de garantizar o asegurar el cumplimiento de obligaciones económicas."

Tenemos **tres actores:**

1. Avalista, el que se compromete a garantizar la operación.

2. Avalado, el que cumple la obligación económica, pagar una cantidad en tiempo y forma.

3. Beneficiario, el que puede reclamar el importe al avalista, si el avalado no paga.

En el desarrollo de tu negocio te puedes encontrar en las siguientes **posiciones** que van a definir la diferencia entre aval y garantía:

AVALADO, como empresario con un AVAL BANCARIO:

El **aval bancario** es un caso particular dado que el avalista es un banco, caja de ahorros, cooperativa de crédito, u otra forma de entidad de crédito, que será responsable del pago de tu obligación económica si tú no le haces frente.

Es una operación bancaria, pero como no te dan dinero, sino una **"carta de aval"** que presentarás a tu beneficiario, el riesgo se denomina **"de firma"**. El precio de que te avale el banco es una comisión, suele haber una de apertura y luego otra trimestral.

Además es de lo más habitual que te pidan que refuerces la operación de aval, en muchos casos dejando inmovilizado un importe similar en un producto del banco como garantía del propio aval. Vamos, que **el riesgo para la entidad es nulo.**

Si necesitas emitir varios avales al mismo beneficiario puedes negociar directamente una **línea de aval** por el importe total, lo que reduce mucho el papeleo cuanto te hagan falta, solicitando las cartas que sean necesarias pero que ya están concedidas.

Los dos tipos más importantes, que se diferencian en cuanto al riesgo son:

Aval técnico: Se requiere normalmente para afrontar concursos con la Administración para demostrar que se tiene capacidad económica.

Aval económico: Suele estar directamente relacionado con una operación económica perfectamente definida y su riesgo es mayor y por tanto más cara la comisión.

AVALADO por una SOCIEDAD DE GARANTIA RECIPROCA

En este caso, una Sociedad Especial, llamada de Garantía Recíproca, **te concede un aval** frente a una entidad bancaria, respondiendo por ti de tus obligaciones en caso necesario.

Esta Sociedad es una agrupación de empresas que están asociadas y constituyen un fondo común para conseguir **créditos más baratos y con más facilidad,** suelen estar patrocinadas por las Comunidades Autónomas y las Cámaras de Comercio. Para conseguir un aval es necesario:

a) **Ser socio** de la Sociedad de Garantía Recíproca, que si te conceden una operación pues te haces.

b) **Cumplir las condiciones** que requiera la operación a avalar. Dichas condiciones suelen ser tan exigentes como las de cualquier entidad financiera, en cuanto a ventas, beneficios y endeudamiento, incluido que garantices también el aval.

c) Si te conceden la operación, te beneficiarás de mejores tipos de interés y de plazos más tolerantes, y **te la darán en cualquier banco que esté concertado** sin mirarla dos veces, puesto que ya la SGR se ha ocupado de mirar el riesgo por la cuenta que le trae.

AVALADO por tus FAMILIARES.

El avalista que garantiza una obligación, lo hace de forma gratuita, pero sus obligaciones son muy grandes, pone como garantía **"TODOS SUS BIENES PRESENTES Y FUTUROS",** de hecho, **más vale pedir dinero** y ponerlo como garantía, que comprometer a alguien que aprecias en un aval que pueda resultar fallido.

El caso típico es unos padres que avalan a un hijo para que pueda **comprarse un local** mediante una hipoteca que le concede el banco, que no le daría si no aporta garantía que lo complemente.

Un **aval personal** es una carga que se lleva durante **toda la vida de la hipoteca.** Hasta que el hijo haya pagado todo el capital al banco, los padres responden de la deuda ante el banco con todos sus bienes y derechos:

Con su nómina si la hay, con la pensión en lo que sobrepase unos mínimos inembargables, con la vivienda familiar y toda la riqueza presente y futura.

Hay quien luego se queja amargamente, "si yo llego a saber las consecuencias, no les pido que lo firmen", "nunca pensé que su casa estuviera en peligro" ... y otras por el estilo.

AVALISTA **de tu propia empresa.**

Si tu eres el único propietario de tu negocio, es lo mismo que garantizarte a ti mismo, es la única situación en la que un avalista tiene verdadero control de la operación.

De hecho, el banco te dirá que si tú no apuestas por tu negocio tampoco tiene por qué hacerlo él.

Si en cambio, **tienes otros socios** en la empresa, mira muy bien qué clase de operación avalas de forma personal, y a qué te comprometes. No es lo mismo avalar una **cuenta de crédito,** que año a año puedes reconsiderar tu situación, que un préstamo de varios años.

En la práctica suele ser aconsejable que si estás casado, procedas a una separación de bienes para resguardar una parte del patrimonio familiar en prevención de una situación de este tipo.

AVALISTA de terceras personas ajenas al negocio.

Ya hemos visto las consecuencias de avalarte para tus seres queridos, pues es lo mismo pero al revés, te comprometes a todo a cambio de ninguna contraprestación, y con un riesgo importante para tu situación económica.

No se trata de "**es un trámite** para que el banco me de el préstamo", estás igual de obligado que el titular, y en cambio no controlas si paga o no o si el banco te cobra a ti primero porque le resulta más fácil.

Si te ves muy comprometido, mejor le prestas dinero que avalar.

PORQUE... ¿QUÉ OCURRE CUANDO **LA OPERACIÓN RESULTA FALLIDA?**

Que **el avalista tiene que pagar** las cantidades que debe el titular del préstamo al banco, así como las penalizaciones y los juicios si los hay.

Aunque puedes ejercer el derecho de ir a cobrar a la persona que avalaste las cantidades que has pagado, en la práctica equivale a "échale un galgo", si el banco no lo ha conseguido, difícil será que tú lo consigas.

Si **la deuda supera a tu capacidad económica,** eso no impedirá que te cobren todo lo que se pueda aunque tú no seas el titular, y puede llegar a ser una situación muy desagradable, en la que además **no se piensa cuando se firma.**

En resumen, el aval puede resultarte beneficioso o perjudicial en función de la parte que tomes en él:

Es necesario para tu actividad económica:

- Cuando te avala el propio Banco para terceros.

- Cuando te avala una SGR frente al banco.

- Cuando avalas con tu garantía personal una operación de tu propia empresa.

Es arriesgado para ti y tu familia:

- Cuando te avalan con su garantía personal para tu negocio.

- Cuando tú avalas a terceros ajenos a tu actividad.

- Cuando tienes socios y no estableces con claridad los límites de lo que estás dispuesto a garantizar.

Capítulo 15

Precios: la primera batalla para ser rentable

La **rentabilidad** de tu negocio es el beneficio que obtienes con lo que haces, y el beneficio es lo que vendes menos lo que gastas para producirlo y ponerlo en el mercado, o sea el margen. Ha de ser suficiente para garantizar la continuidad de tu actividad.

La suma del margen producto a producto y servicio a servicio es lo que te dará el resultado total.

Por eso es tan importante tener un buen sistema para calcular los precios que necesitas y mereces para tu negocio.

EL PRECIO LO DETERMINAN TRES ELEMENTOS:

A) **El coste** que tú tengas para producirlo o facilitarlo. Determinará lo mínimo a que puedes vender sin perder dinero.

B) Lo que el mercado en general, está **dispuesto a pagar** por un producto o servicio similar. Te servirá de referencia para calcular tu propio margen.

C) Lo que **tu cliente está dispuesto a pagarte** porque piensa que tú lo vales (el valor que le da a tu trabajo) . Al principio no te sientes muy cómodo poniendo precios, pero a medida que vas facturando, observas los beneficios que eres capaz de proporcionar a tus clientes y puedes establecer mejor en qué marcas la diferencia.

Existen dos maneras de estructurar un precio:

DIRECTA:

Planeas tu producto o servicio . Calculas cuánto te cuesta, y añades un margen, que calculas en función de lo que aportas y el mercado está dispuesto a pagar.

INVERSA:

Buscas una necesidad de tus clientes e investigas cuánto están dispuestos a pagar para solucionarla.

En función del precio final, calculas hasta dónde puedes llegar con los gastos para que te quede un margen aceptable para ti.

Esto hace que evites lanzar productos excelentes pero demasiado caros para lo que la clientela está dispuesta a pagar.

Además, el mismo producto se puede presentar con tres precios diferentes:

a. Premium. Con un soporte y una atención totalmente individualizados.

b. Normal. Con acceso a soportes y otros recursos.

c. Básico, con lo imprescindible para cubrir la necesidad.

Lo que permite al cliente decidir cuánto se puede gastar y cómo prefiere satisfacer sus necesidades.

Y todo esto, ¿cómo se traduce en dinero?

Desde el punto de vista de la **gestión de la tesorería** o cash flow, las aportaciones de ingresos las podemos clasificar de tres formas:

1. Venta puntual. Se hace una sola vez y no tiene por qué repetirse.

2. Venta por proyecto. Es un producto o servicio más sofisticado, que se desarrolla por etapas y va aportando ingresos en varias veces.

3. Venta por mantenimiento. Es un soporte permanente de un producto o servicio vendido anteriormente, y que se suele abonar mensualmente. A veces también se prefiere cobrar de una vez para todo el año con un descuento.

Esto significa que la venta puntual no es algo con lo que podamos contar con antelación, en todo caso, cuando ya llevemos cierto tiempo, tal vez estimar, y sólo nos permiten planear ingresos con más seguridad los servicios de tipo 2 y 3.

Lo más interesante para decidir tu mezcla ideal de productos, es observar la evolución de las ventas puntuales y la evolución de los proyectos, ver cuando flojean y estabilizar el flujo de caja con otro tipo de ingresos más recurrentes, aunque de menor importe.

MUY IMPORTANTE: Procura en lo posible cobrar al contado, si financias, incluye los costes financieros en tu margen para saber de verdad lo que te queda.

Para que tu negocio vaya bien hacen falta todo tipo de productos, caros y baratos, puntuales y mensuales. Todos son necesarios y ayudan a absorber los costes generales.

Además, cuando un cliente empieza a trabajar contigo, es más probable lo haga con un producto económico a ver cómo funcionas, si no tienes esta opción, restringes la posibilidad de prueba y es más complicado que confíe con un producto caro. Es la técnica que en marketing llaman del embudo de ventas.

Según lo rentables que sean destacan dos tipos:

- **Productos Cenicienta:** no parecen atrayentes, pero son muy productivos y básicos para el negocio. Es necesario cuidarlos, y si es posible, embellecerlos para el baile.

- **Productos Madrastra,** son los que absorben mucha inversión, sobre todo publicitaria, la "niña bonita", que drena los recursos de la empresa y que son vistosos, pero poco rentables.

Fundamental: medir los retornos de la publicidad y no dejarse llevar por la "belleza" del producto si no resulta como esperamos.

Poner precios tiene factores emocionales importantes:

Cuando te pones a diseñar un sistema de precios, las dudas invaden y las creencias negativas acechan, cuidado con:

- No voy a conseguir que me paguen esto, **no me lo creo ni yo.** Tal vez llevas poco tiempo y no te sientes seguro, empieza por el precio en donde te encuentres cómodo y ve subiendo cliente a cliente.

Ante la duda, pide un precio más alto y si es necesario ofrece una rebaja, pero nunca al revés, lo más normal es infravalorarse.

- No valgo lo que pido, me gusta tanto, o me parece tan "fácil" hacerlo que me siento mal. Como vas a acabar sintiéndote mal es si lo haces por "amor al arte", cuando quieres tener un negocio para vivir y compartir tus dones con el mundo.

- **Si no hago descuentos** aunque pierda dinero, no voy a vender ni una escoba.

Piensas que así por lo menos empezarás, lo que pasa es que cuando has vendido a precios más bajos de lo normal por sistema luego tus clientes no te van a permitir que los subas, te has encasillado, y cuanto más vendes más pierdes. Para un negocio pequeño es la forma más rápida de cerrar.

Y para acabar:

Mejoras tu negocio porque inviertes en tiempo, esfuerzo y conocimientos. Te capacitas para hacer cada vez mejor tu trabajo, el pensar nuevos productos, tener contentos a tus clientes, ir desarrollando nuevas formas de atenderlos es lo que te va a permitir que tu negocio forme parte de la estadística de éxito.

Todo este esfuerzo es necesario, no sólo para comenzar, sino para mantenerse, por eso cuando se oye que "dar servicios no tiene costes adicionales", eso sólo sería real si haces un servicio, lo dejas tal cual y pudieras vivir de eso toda la vida.

133

En conclusión, establecer una política de precios consistente y coherente es pelear la primera batalla para ser rentable, ¿cómo conseguirlo?:

✓ Sabiendo el margen que te deja cada producto que ofreces.

✓ Incluyendo los costes financieros si vas a aplazar los cobros, prefiere siempre cobrar al contado que vender más caro pero aplazado.

✓ Ofreciendo varias opciones para facilitar las elecciones a tu cliente.

✓ Teniendo varios tipos de productos, de venta única o recurrente.

✓ Cuidado con los productos "bonitos" que no son lo bastante rentables.

✓ Las creencias sobre los precios pueden ser muy negativas para tu negocio.

✓ Para un negocio pequeño no es viable ser el más barato. Cuidado con las ofertas, si entras en el juego de cuando más vendes más pierdes has terminado antes de empezar en serio.

Capítulo 16

Tres claves para saber si tu negocio es rentable

Cuando pones en marcha un negocio tienes en cuenta muchas variables:

- ✓ A qué te vas a dedicar, productos o servicios, que idealmente cubran una necesidad.

- ✓ A quién se lo vas a dirigir, a los que la tengan.

- ✓ La capacidad de pago y la disposición a gastar en lo que vas a ofrecer.

Todo ello configura lo que se ha dado en llamar el NICHO. Y siendo muy importantes todas estas cosas, lo que marcará la diferencia para que sea viable es que también sea rentable.

Las tres claves fundamentales para saber si tu negocio tiene posibilidades reales de mantenerse en el tiempo son las siguientes:

PRIMERA: Determina cuánto dinero te has gastado, mejor dicho invertido en todas las cosas que son fundamentales para tu negocio.

• Puede ser que sólo necesites un ordenador, impresora y línea de comunicaciones.

• A lo mejor eres un profesional que precisa de un despacho, o una sala de tratamiento, o simplemente donde puedas recibir visitas al público, en ese caso, aunque sea de alquiler precisarás algo de mobiliario e instalaciones para realizar tu actividad

• Si realizas alguna actividad de tipo comercial tienes que incluir la cantidad de dinero que tienes inmovilizada de manera habitual en existencias para poder hacer frente con seguridad y rapidez a los pedidos de los clientes.

• Aunque las existencias se consideran habitualmente activo "circulante", porque es cierto que circula, si en cualquier momento haces una foto fija de lo que tienes disponible, esa es la cantidad que estás necesitando para que tu negocio esté en marcha.

• También importa que sepas, cuánto de este dinero has puesto tú, como propio, y si has financiado una parte del mismo y a qué coste.

SEGUNDA: Calcula el beneficio de tu actividad y esto ¿cómo se hace?

Por una parte calcula todos tus ingresos:

✓ Por venta de productos

✓ Por venta de servicios

✓ Por contratos de mantenimiento o abastecimiento

Por la otra ten en cuenta todos los gastos que hayan sido necesarios para poder producir los anteriores ingresos

Los hay muy evidentes, el alquiler, la luz, el teléfono e internet, material de papelería y publicidad, los gastos de desplazamientos y transporte.

Pero también tienes que dedicar una cantidad mensual para cubrir:

* Los gastos de reposición de un nuevo ordenador,

✓ Las necesidades formativas que puedes tener durante el año para mantenerte al día

✓ La pertenencia a asociaciones profesionales

✓ Gastos de representación, para eventos y networking.

Y lo que no se tiene en cuenta sobre todo cuando el negocio todavía no creció demasiado, es la absoluta necesidad de contemplar en costes **un sueldo** para el dueño, en este caso tú.

Para hacer estos cálculos, ten en cuenta al menos un sueldo mileurista, 1000 euros, así como los pagos de autónomos si los hubiera, e IRPF.

Si no lo calculas de esta manera estás sobrevalorando el potencial del negocio puesto que si tú no estuvieras, no conseguirías que nadie trabajara gratis.

La diferencia entre ingresos y gastos, nos dará el beneficio del negocio.Para que sea realmente significativo, es recomendable tomar el periodo de un año para hacer los cálculos.

TERCERA CLAVE: Ya tienes tu beneficio calculado, ¿con qué lo comparas? aquí entra el concepto de punto muerto, o umbral de rentabilidad:.

Ingresos totales – Costes totales = 0

- ✓ **Por debajo de cero** el negocio estará sus comienzos y poco a poco ha de llegar a la zona positiva si esto se prolonga en el tiempo realmente no es sostenible, es una afición cara.

✓ **Si es igual a cero**, si has hecho el cálculo teniendo en cuenta el sueldo que te corresponde, es un **autoempleo** sale comido por servido y a poco que pinches con los ingresos puedes tener problemas para mantenerte. Dependiendo de lo que quieras como mínimo tienes que estar en esta zona.

✓ Sólo cuando **los ingresos superan a los costes**, y esto se produce mes a mes, puedes considerar que el negocio da dinero. Con lo que produce, podrás plantearte reinvertir y mejorarlo si lo consideras necesario.

Ya has visto que da dinero, pero ¿es rentable?

Y ¿qué es la rentabilidad?

La relación entre los activos o sea el dinero que has tenido que invertir para poder empezar a realizar la actividad y el dinero que has conseguido producir después de todo este movimiento.

Si has necesitado invertir 10.000 y ganas anualmente 1.000, has conseguido una rentabilidad del 10%.

Si es eso lo que ganas, es ahora donde verás si te compensa pedir prestado para seguir invirtiendo, si vas a pagar por ello más de lo que puedes sacarle de beneficio, crecer no va a ser una buena idea.

En conclusión, para saber si tu negocio es sostenible es necesario que conozcas qué rentabilidad está produciendo. Así podrás decidir si puedes mantenerte con él si es tu intención, si merece la pena invertir con dinero ajeno, o el potencial que puede tener a medio plazo.

Capítulo 17

El dinero siempre avisa dos veces

Para conseguir el éxito emprendiendo, léase hacer lo que te gusta y que ese placer se prolongue en el tiempo, necesitas chequear de manera regular la salud de tu negocio.

El **primer aviso de alerta** es ver las posibilidades de infarto por **falta de efectivo**, que pueden controlarse mirando los siguientes síntomas:

(*) Piensa dos veces antes de gastar dinero, el **control de costes** depende en su mayor parte sólo de ti.

No obstante, también pueden subirte los precios, cambiar condiciones de suministro y tener que cambiar de proveedores, cosas que requieren acción por tu parte.

(*) El dinero no es tuyo hasta que no lo tienes en efectivo, no puedes contar con él cuando no lo has recibido aún y menos "gastarlo" por anticipado.

(*) Cuando ya lo tienes, recuerda que hay que apartar lo destinado a los impuestos, siempre es mejor evitar tentaciones, las consecuencias de no pagar son desastrosas (recargos, demandas, mala fama...).

(*) Procura cobrar anticipo por tus servicios de al menos el 30% del mismo.

Lo ideal en una pequeña empresa es cobrar como máximo a 30 días. Si es un proyecto de más tiempo, que haga un pago mensual por lo que ya se ha realizado.

Un cliente que dilata demasiado los pagos no es un buen cliente y puede convertirse en un problema.

No obstante puede ocurrir que alguna de tus ventas resulte impagada y aunque le persigas resulte finalmente incobrable. Has de estimarlo también en tus previsiones.

(*) Por tu parte procura ser diligente en tus pagos y no retener al máximo el pago de lo que debes, así evitas disponer del dinero para otra cosa más "urgente", ya que está a mano.

(*) Ponte un sueldo. No puedes trabajar por amor al arte, no vives del aire, estima una cantidad razonable, y luego ponla al día según evolucione el negocio.

(*) Actualiza continuamente el plan financiero. Cuando se va desarrollando y los números pasan a ser reales puedes ver el grado de desviación y ajustar para las siguientes previsiones.

No obstante, es de consenso generalizado que lo que piensas vender lo ajustes a la baja al menos un 30% para no ser excesivamente optimista.

(*) Tienes que saber cuánto dinero tienes disponible en el banco, la contabilidad puede ser cosa del gestor, el no saber cómo estás de efectivo te puede costar un severo disgusto.

(*) Es tan sencillo como tener una hoja de cálculo con los ingresos y gastos previstos, con el año en meses y los meses en días e ir cuadrando las estimaciones para no encontrarte con "agujeros".

Te servirá de alerta temprana de cuánto necesitas vender para cubrir los costes previstos, y si no se cobra por el motivo que sea, prever de dónde va a salir el dinero.

La ignorancia en este tema te lleva al cierre por infarto del negocio, nadie puede gestionar esto por ti.

El segundo aviso es más difícil de detectar, sobre todo cuando el empresario es novato, es como una tuberculosis que devora al interesado y hasta parece sonrosado y saludable.

Esta enfermedad que puede corroer al negocio hasta hacerlo desaparecer es la falta de control de coste por producto (o servicio).

El exceso en los costes globales es mucho más fácil de detectar, por ejemplo una oficina que sobrepasa nuestro presupuesto ves claramente que no la puedes mantener.

El saber cuánto cuesta producir y vender cada unidad de cada uno de nuestros productos nos da la siguiente información:

(*) Es la guía para saber la horquilla de precio en la que se ha de mover el producto. Si vendes por debajo de coste sistemáticamente sin percibirlo puedes ir minando la generación de recursos de la empresa hasta su desaparición.

(*) Es importante diferenciar el coste por productos ya que hay veces que lo más vistoso no sólo no gana sino pierde, y servicios aparentemente más discretos dejan mucho más margen.

Conociendo la aportación de cada producto al beneficio de la empresa pueden tomarse decisiones mucho más afinadas en cuanto a lo que conviene ofrecer a los clientes y a qué precios.

(*) También ayuda tener conciencia de la fase en la que se encuentra cada producto, uno recién lanzado puede estar más sobrecargado en coste por ejemplo por publicidad, y según se vaya dilatando su ciclo de vida se irá aminorando y mejorando su aportación al margen.

(*) Otros en cambio, si se venden por debajo de coste, habrá que cambiarlos para que tengan otra estructura.

Por ejemplo, si un servicio es muy bueno pero el mercado no acepta un precio superior, ajustar el servicio que se puede ofrecer al precio que el mercado está dispuesto a dar, si no cuanto más vendes, más pierdes.

La buena noticia es que viendo dónde está el problema, se manda al paciente al balneario, y con buena comida y aire puro, lo dejamos como nuevo con todas estas intervenciones.

Y por último, es muy importante que cada cual en su empresa y según su actividad, determine un "indicador clave de éxito", saber cómo va de bien su trabajo.

¿Cuál es la medida de la salud de la empresa?

En un negocio que funciona por proyectos, puede ser un número determinado de ellos firmados y en marcha (y otros en espera o "despensa"), para un profesional cierto número de clientes en marcha, o en espera, para un comercio, un importe de ventas mensuales, desglosado por tipo de producto.

Siempre ayuda tomar la temperatura para ver cómo va el negocio y qué necesitamos hacer para que mejore y prospere.

Capítulo 18

Análisis de empresas, qué te cuentan los números

Cuando un banco decide si prestarte dinero, un proveedor financiarte las facturas, o un posible inversor, compartir capital con tu empresa, todos ellos cuentan con un "arma secreta". Ninguno de ellos tomará estas decisiones si no tiene la información que se consigue de analizar los estados contables de la empresa en cuestión, más conocido como análisis de empresas.

Lo que te cuentan los números de una empresa que te pueda interesar, está a tu alcance. Sólo tienes que acercarte al Registro Mercantil y solicitar las cuentas anuales depositadas por la misma, -sí, esas mismas que nos hace el gestor por "obligación legal"- y por un pequeño importe, tendrás a tu disposición una gran cantidad de información estratégica para tu negocio.

Pero yo no sé nada de contabilidad, ni quiero saberlo.

Es que no hace falta saber contabilidad, ni manejar el programa de tu contable. Sabiendo dónde mirar, los epígrafes de un Balance y una Cuenta de Pérdidas y Ganancias son un libro abierto.

Todas las sociedades tienen obligación de depositar sus cuentas anuales en el Registro Mercantil como máximo el 30 de junio del año siguiente al de su finalización.

Esto significa que lo normal es poder disponer a partir de julio de las cuentas del año anterior. Para poder ver con ciertas garantías el desarrollo de la historia que nos cuentan, es necesario disponer de los dos últimos años, y si ha habido mucho "movimiento", los últimos tres.

Esto es IMPRESCINDIBLE, porque los números a fecha fija son una fotografía congelada, y sólo compararlos nos permite ver la evolución de los aspectos que nos interesan.

Parece que para analizar empresas hay que hacer un master, calcular un montón de "masas" y ratios, y ver fórmulas de medio kilómetro sobre rentabilidades. Pero no hace falta complicarse tanto la vida para conseguir la información que necesitas. Eso sí, es necesario tener perfectamente claros algunos conceptos, siendo los más importantes los siguientes:

(*) Las CUENTAS ANUALES de una empresa, tienen dos tipos de componentes:

Los numéricos: Balance y Cuenta de Pérdidas y Ganancias.

Los informativos: Memoria, Informe de Gestión, e Informe de Auditoría (no siempre obligatorio), completan y aclaran sucesos que hayan podido influir en los anteriores.

También según el TAMAÑO de la empresa serán más o menos detallados, lo que influye para sacar conclusiones de los mismos.

El Balance refleja lo que la empresa tiene (Activo), ya sean bienes (Inmovilizado material), patentes (inmaterial), acciones de otras empresas (financiero), derechos (saldos pendientes de Clientes) y efectivo (Tesorería)

y con qué dinero lo ha conseguido (Pasivo), ya sea propio (Capital y Reservas) o ajeno (Financiación a largo plazo, a corto plazo, Proveedores, Hacienda Pública).

La Cuenta de Pérdidas y ganancias presenta la información de cuánto se ha vendido (Ventas, Importe neto de la cifra de negocios), y de los gastos que han sido necesarios para conseguirlo (Aprovisionamientos, Gastos de personal, Gastos generales), así como el ajuste del deterioro de los activos que ha necesitado en la producción (Amortizaciones), este primer resultado es el RESULTADO DE EXPLOTACION.

De forma separada se añaden a continuación los intereses de inversiones (Ingresos financieros) y los intereses pagados por las operaciones de préstamo (Gastos financieros), obteniéndose el RESULTADO FINANCIERO.

Igualmente, cuando se producen operaciones que no son propias de la actividad de la empresa si son beneficiosas (Ingresos extraordinarios), o perjudiciales (Gastos extraordinarios), siendo el saldo el RESULTADO EXTRAORDINARIO.

La suma de los tres nos dará el RESULTADO ANTES DE IMPUESTOS, que expresa el potencial de la empresa de conseguir beneficios.

(*) Hay que tener en cuenta que una cosa es la CONTABILIDAD, que registra todos los ingresos generados (aunque no se hayan cobrado) y gastos producidos (aunque no se hayan pagado), y otra la TESORERIA, diferencia entre cobros (realmente ya en tu poder) y pagos (que han salido de tu caja).

Para sacar partido a la información, tienes que saber para qué la vas a utilizar.

(+) Si estás buscando oportunidades de NEGOCIO:

Eres un vendedor de maquinaria para artes gráficas, localizas cuentas de varias imprentas de cierto tamaño, ¿qué tendrías que mirar?

En el Activo puedes ver si la maquinaria que tienen es reciente, (la suma de las amortizaciones acumuladas es muy baja), o si les está haciendo falta renovarse (prácticamente está amortizada en su totalidad). También si la adquieren directamente, o prefieren hacerlo en régimen de leasing.

Puedes preparar una oferta dirigiéndote a quien presumiblemente le benefician tus productos.

(+) Para vigilar a la *competencia*:

Puedes observar si la cifra de ventas ha crecido o no de un año a otro, y si se ha reflejado en una mejora del beneficio. Además puedes ver si el incremento en el beneficio se ha producido, ha sido por la actividad normal o por otros motivos que no tienen que ver directamente con el negocio.

(+) Para ver si un cliente retrasado puede PAGAR:

Ver si genera suficiente beneficio para pagar, si la mayor parte de su pasivo está formado por Créditos a corto plazo, si sus gastos financieros son muy abultados en proporción al resto de cifras, o si está pagando a otros y no a tí. Si la situación es tan mala como la pinta, o bien puedes ajustar lo que sea razonable para recobrar lo que se pueda.

Y en cuanto a tus propias cuentas anuales ¿ que debes hacer?

En primer lugar, ser consciente de que son tu "escaparate" frente a terceros. Si solicitas crédito a un banco, va a ser lo primero que miren, si un cliente bueno quiere comprobar si eres de confianza las va a contrastar, si necesitas un inversor, las va a mirar con lupa.

Para lucir bien, es imprescindible que al cierre del ejercicio dejes arreglados todas esas cuentas "cajón de sastre", y que cada gasto y cada ingreso quede asignado donde corresponda, así como liquidados los impuestos que corresponda y repasados los clientes.

Cuando un balance presenta cuentas "varias", de importes abultados respecto al total, da lugar a pensar que hay descontrol y mala gestión, y hay pocas cosas de más fácil solución.

Evita también esa costumbre de incluir en Tesorería (con saldo negativo) el importe que puedes disponer de una Cuenta de crédito, por la misma razón, es incorrecto y da la sensación de que no hay efectivo.

Las cuentas anuales presentan la imagen de las decisiones que has ido tomando en tu empresa, y de las consecuencias, favorables o no derivadas de ellas.

Bien formuladas, te apoyan cuando expliques la naturaleza y evolución de tu negocio, puedes basarte en ellas para negociar condiciones y plazos en compras y ventas, y para aparecer ante tus interlocutores con transparencia y claridad.

Teniendo en mente sus dimensiones, puedes ver qué cantidad de crédito necesitas o no, y solicitar cantidades lo más ajustadas posible a las características de tu empresa, asunto muy valorado por los bancos.

Tanto en un caso como en el otro, en que debes fijarte:

(*) Siempre que nos interese una empresa, conseguir toda la información posible, TAMAÑO, SECTOR ECONOMICO, ACCIONISTAS DE REFERENCIA, si pertenece a un grupo. Cómo se comporta respecto a su sector.

(*) Si es capaz de pagar sus deudas: SITUACION FINANCIERA.

(*) Si gana dinero con su actividad, cuál es su rentabilidad respecto al capital invertido: SITUACION ECONOMICA.

Estos tres elementos, se merecen por sí mismos varios post independientes, previstos para los próximos meses.

En resumen, el análisis de empresas está basado en información pública, de libre acceso. Siempre que necesites tomar decisiones sobre una empresa te vendrá bien contar con la información "oficial" de la misma.

Al igual que cuando un particular sólo puede demostrar "lo que gana" con la Declaración de la Renta, para una empresa es lo único que se admite como válido de cara a terceros (y el Impuesto de Sociedades, que refleja las mismas Cuentas).

Cuanto más grande sea la empresa de la que quieres informarte, más importante es que sepas cómo funciona, para valorar si te interesa o no relacionarte con ella. Además el grado de detalle disponible es mucho mayor que en empresas pequeñas.

Respecto a tu propia empresa, tener controlada tu imagen financiera es fundamental de cara a terceros, tal vez controlas tu imagen comercial de una manera exhaustiva, y en cambio tienes descuidado este aspecto, que te puede dar un disgusto si por ello pierdes oportunidades o financiación.

Capítulo 19

Cómo descubrir cuánto vale tu empresa

"Todo necio confunde valor y precio". Antonio Machado.

Cuando hablas de cuánto puedes obtener por un bien que aprecias, entran en juego los malentendidos entre qué es valor, y a qué llamamos precio.

¿Y cuál es su principal diferencia?

El VALOR es la importancia que tiene para ti el objeto de que se trate. Puedes distinguir tres aspectos esenciales:

1. El valor de uso de un bien es la utilidad que te proporciona, un concepto de cualidad. No es posible

comparar entre sí valores de uso (es como comparar peras con manzanas), salvo de forma arbitraria.

2. El valor de cambio es una cantidad. Cualquier bien intercambiado puede reducirse a la cantidad de trabajo que ha hecho falta para producirlo. Es un valor independiente del anterior.

3. El mercado, como lugar donde se intercambian bienes y servicios, puede existir debido a esta dualidad. Cualquier bien económico además de poseer valor de uso, con su valor de cambio puede ser ser intercambiado por valores de uso diferentes.

El PRECIO es lo que los demás están dispuestos a darte por dicho bien.

En un principio podrías decir que es lo mismo que el valor de cambio, pero incluye otro factor determinante, que es el principio de la escasez.

No sólo tenemos en cuenta lo que ha costado producirlo, sino su abundancia o escasez relativa (a esto en economía lo llaman "utilidad marginal").

No es lo mismo ser la última Coca Cola en el desierto, que en un supermercado lleno de bebidas. Es el factor que explica que cuando el mercado se inunda de tomates de forma repentina, sólo se vendan si baja mucho su precio.

Pero, *¿cómo se valora una empresa?*

En primer lugar hay que saber PARA QUÉ y PARA QUIÉN, porque es lo que determinará qué método se va a utilizar.

Para comprar y vender, el que compra necesita el precio máximo a pagar, el que vende, el precio mínimo para vender. Esta situación puede producirse tanto si deseas vender la empresa completa, como si se trata de la salida de alguno de los socios.

Para valorar inversiones. Comparando el valor obtenido con la cotización en la Bolsa de valores. Cuando cotiza por debajo de su valor contable, está infravalorada. Es una buena oportunidad para invertir en ella. Esta es el alma de la filosofía de "value investment", cuyo principal exponente es Warren Buffett.

Herencias y testamentos. Cuando los negocios entran a dividirse y muchas veces no cotizan precisamente en Bolsa. Hay que decidir si la empresa vale más "muerta" que viva.

Decisiones estratégicas: continuar el negocio, vender, fusionarse, crecer o comprar otras empresas. Imprescindible tener datos confiables para tomar este tipo de decisiones.

¿Y qué es la valoración de una empresa?

Es la aplicación de un método objetivo que consigue un resultado relativo: una aproximación monetaria que normalmente sirve como instrumento de negociación en una transacción.

No es un procedimiento sencillo, y de hecho suele hacerse por asesores en valoraciones de sociedades.

El valor será siempre subjetivo y opinable, solamente una posibilidad, mientras que el precio es una realidad.

Las mayores diferencias entre precio y valor suelen generarse por las relaciones de mercado entre compradores y vendedores.

Es el caso de la burbuja de las empresas de informática en los 90, con precios muy por encima de su valor.

En caso contrario, cuando el precio esta por debajo del valor de las empresa es candidata a las ofertas de compras hostiles por parte de especuladores.

Para realizar su beneficio trocean la empresa y la venden por partes (véase la película de Wall Street).

La valoración de una empresa es una ESTIMACION, una cifra que no puede tomarse como "exacta" o única que dependerá de si acaba de empezar a funcionar, o ya lleva tiempo, del momento de la transacción y del método utilizado.

¿Cuáles son los metodos mas utilizados?

Valor contable. Método basado en la estimación del valor del patrimonio a través del balance de la empresa. Es el valor que figura en nuestro balance del activo menos el pasivo exigible, es decir, el valor de los fondos propios.

El problema que tiene es que los valores recogidos en libros no suelen representar el valor actual del mercado. Tampoco tiene en cuenta la evolución futura de la empresa.

Por su sencillez y facilidad de calcular es un método apropiado para pymes que no tengan mucha complejidad.

Valor Sustancial. También basado en los datos contables, corresponde al valor real de los medios de producción, independientemente de la forma en que estén financiados, es decir, estarían constituido por el valor real de todos los bienes y derechos utilizados.

No se están considerando los bienes no operativos ni la estructura financiera de la empresa.

El método representa la inversión que debería efectuarse para construir una empresa en idénticas condiciones. Normalmente se considera el valor sustancial como el valor mínimo de la empresa.

Fórmula: Valor sustancial bruto = Activos operativos totales

Valor sustancial neto = Activos operativos totales – Pasivos

Beneficios Descontados

En este método se calcula el valor de una empresa descontando los beneficios que se esperan en el futuro. Básicamente se trata de decidir el valor actual de esos futuros beneficios. Quiere recoger la potencialidad de la empresa.

El valor depende por consiguiente de los beneficios futuros, de cuantos años se estiman y de la tasa de riesgo con la cual se descuenta.

Valor medio. Es una combinación de los dos métodos anteriores.

Se supone que el valor sustancial es el valor mínimo de la empresa, es decir lo que se recibiría por los activos si estos se vendieran por separado.

Sin embargo, una empresa tiene más valor en su conjunto que el valor sustancial, ya que el conjunto de activos crea beneficios a futuro. El valor de beneficios descontados se toma como un valor máximo.

Su valor se puede pronosticar sin mayor dificultad para los siguientes 2 o 3 años, sin embargo entre más grande sea el horizonte de tiempo, más inexacto se vuelve y puede acabar siendo irreal.

El valor real o intrínseco de la empresa se cifrará entre estos dos valores.

Múltiplos comparables:

La valoración se obtiene comparándola con la competencia. Para ello, se identifican una serie de parámetros (por ejemplo ventas/Ebitda) que se aplican a la empresa a valorar.

No es apto para las pymes, que varían muchísimo en tamaño y dimensión. Además muchas de las cuentas no están auditadas y no son comparables.

Es un método apto para empresas cotizadas en los mercados de valores, de las que se dispone de una información más exhaustiva

Valor por descuento de flujos de caja

Intenta determinar los movimientos de tesorería en el futuro (flujos de fondos), para luego descontar su valor a precios actuales, en cristiano, cuánto vale ahora mismo ese dinero que supones que es capaz de movilizar.

Para ello tiene en cuenta el riesgo en el tipo de descuento. Es un método que precisa mucha información para estimar el valor de nuestro negocio dentro de tres, cuatro o diez años. Es aplicable a cualquier empresa.

Para un estudio de valoración serio recomiendan utilizar al menos dos de estos modelos.

Al menos uno de los elegidos debería ser el de descuento de flujos de caja, recomendado para empresas de reciente creación (con pocos datos de balance), para las que quieren iniciar un plan de crecimiento, y también para planes de viabilidad.

En resumen, cada uno valora un negocio según su situación y perspectivas particulares, y cuando los interlocutores se ponen de acuerdo, ese valor ya concreto es el precio.

El valor obtenido a través de cualquier método de estimación varía desde el valor mínimo (o sustancial) hasta la proyección de resultados de la compañía (valor máximo).

Tanto si eres vendedor, como si vas a invertir en el negocio tendrás que tener en cuenta la fiabilidad del asesor que te calcule el valor de referencia, pues de su acierto dependerá tu ganancia o pérdida en la transacción.

Aquí se ve con claridad el sentido que tiene la recomendación de utilizar al menos dos métodos para establecer un intervalo de valores. Al final no deja de ser parecido a lo de pedir varios presupuestos para poderlos comparar.

Tomar una buena decisión precisa de los mejores datos que puedas conseguir, pues así podrás descubrir "cuánto vale tu empresa".

Capítulo 20

Cliente grande, ande…o no ande

Cuando un pequeño negocio se va desarrollando, y las ventas a los clientes comienzan a tener cierta regularidad, poco a poco se va haciendo conocido hasta que llega el gran momento: ese en el que una gran empresa, ó un gran pedido llama a nuestra puerta. Hay quien piensa que le ha tocado la lotería, hay quien le da otras interpretaciones, para ilustrar el caso voy a contarte dos historias de gente que conozco.

Había una vez una pequeña empresa de instalaciones de cocinas y cuartos de baño. Se ubicaron en un pequeño polígono cercano a una gran población y ofrecían sus servicios coordinándose con tiendas de electrodomésticos y de pequeñas reformas de hogar.

Poco a poco, con mucho trabajo y buen servicio fue expandiendo su área de actuación, y comenzó a trabajar para una gran cadena. Lo que al principio era en pequeña escala, según fue pasando el tiempo les obligó a ir retirando tiempo y recursos a otros pequeños clientes, de los que habían llegado a tener casi trescientos, e incluso, maravilla de las maravillas, ir con el uniforme de dicha compañía como si fueran empleados de la misma. No habían firmado exclusividad, pero la verdad, no hacía falta, se sentían tan firmes y orgullosos como una roca con su supercliente casi perfecto.

Paralelamente, habían incrementado sus necesidades de tesorería a corto plazo de una manera importante, ya que las exigencias de ir pagándoles a cada vez más plazo les hacía incurrir en gastos financieros de manera sistemática. Habían pasado de 30-60-90 días de los pequeños hasta 250 días para cobrar, mientras tenían que soportar sus propios pagos a corto financiando a dicho cliente. Ya no hablemos de si había alguna incidencia en las instalaciones, algún desacuerdo o cambio en la instalación, todo corre por cuenta de la empresita, que con darte trabajo ya hago bastante.

La situación se mantiene estable en el tiempo, hasta que empieza a descender la demanda, ya se sabe, la crisis, y además cambian al responsable de compras de la empresa grande, y no sólo a la persona, sino también la "política" de selección de proveedores. De la noche a la mañana, el "no hay problema", "ya sabía que podía contar con vosotros", cambia al "por el momento es lo que tenemos", "vuestro producto no es el que nuestro cliente necesita".

A continuación, van teniendo que despedir gente, quedarse con el "núcleo duro" de los fundadores, remontar el exceso de endeudamiento y buscar nueva clientela, ya que la que tenían la han perdido al concentrar todos sus esfuerzos en el "cliente estupendo y grande". Asimismo han tenido que cambiar el concepto y el producto, ya que lo que estaban haciendo no se adapta a clientes más pequeños y es excesivamente caro para los mismos.

Resultado: vuelta a empezar casi desde el principio, y con cargas que antes no tenían.

En otra parte del polígono, un electricista hecho a sí mismo, disfruta de su bien ganada prosperidad. Empezó desde su formación profesional a realizar instalaciones eléctricas de forma continuada y cada vez más complejas. Se molestó en seguir estudiando y capacitarse profesionalmente. Fue creciendo poco a poco pidiendo ayudas a emprendedores, pequeños préstamos ICO e incluso contrató a dos ayudantes a tiempo completo. Es cuidadoso y ahorra para prevenir las malas rachas.

Goza de buena reputación en sus compromisos por lo que los proveedores confían en él y le anticipan cantidades de material con cierta flexibilidad en los pagos.

Le llega a través de un conocido una propuesta, la reinstalación completa de la electricidad de un edificio reformado, es un trabajo que domina perfectamente, la única "pega" es que es muy grande. Se entusiasma y piensa que ya ha solucionado el trabajo de medio año. Va a presupuestar y ve que aunque "al límite" de sus posibilidades actuales, en cuanto a material y a mano de obra, podría terminarlo en plazo.

Es que, claro, este trabajo tan bueno, incluye una penalización bastante importante por retraso, ya que hay otros oficios involucrados en la reforma que resultan perjudicados si no acaba su trabajo a tiempo. No cree que vaya a encontrar problemas que no sea capaz de solucionar y se embarca en el proyecto.

Cuando empieza, el inmueble, que es muy viejo, le empieza a dar problemas continuos y a tener que hacer varios repasos a partes que creía terminadas. Está necesitando más material del que había estimado. Además, uno de sus "chicos" se ha lesionado con la moto y estará fuera del partido al menos un mes. Los retrasos se acumulan y lamentablemente no termina a tiempo su compromiso.

Pero la historia no ha terminado, la obra tenía una clausula de penalización fuerte (unos 100.000 euros), de acuerdo con el perjuicio que ocasiona el retraso, y ya la conocía antes de empezar. Le tocó pagarla y menos mal que tenía dinero para hacerla frente. No había trabajado antes con este tipo de condiciones y subestimó las posibilidades del incumplimiento.

Ha vendido la nave que había comprado como parte de su ahorro para el futuro, ha tenido que despedir a sus chicos y ha empezado solo como al comienzo, y eso que cuenta con la confianza de sus proveedores de toda la vida, que le siguen adelantando material como en rachas mejores, y que le han permitido pagar su deuda con ellos poco a poco. Resultado: un solo tropezón destroza el trabajo de muchos años.

En resumen, el crecimiento es bueno, necesario y deseable, pero el cómo se crece es muy importante. No hay atajos, y si se trabaja para pocos clientes y grandes, la dependencia de los mismos es muy alta por lo cual cualquier variación en las condiciones de compra-venta o simplemente un cambio de responsables o en la política de compras puede acabar con nuestra empresa. También, desde el punto de vista financiero nos obliga a tomar compromisos muy superiores a los que en principio necesitamos. Asimismo el tamaño marca las condiciones y puede ser que tengamos que trabajar muchísimo a cambio de unos márgenes muy estrechos en comparación con tanto esfuerzo.

Pasa lo mismo con "oportunidades", que algún día podremos hacer frente, pero que hoy por hoy nos vienen "grandes". Si las queremos hay que prepararse con tiempo para tener esa capacidad, si es que entran en nuestros planes de crecimiento, o bien tener claro dónde queremos llegar, ya que puede ser peor el remedio que la enfermedad. De todas formas hay que ver lo vistoso que es un Cliente Grande, ande ¡¡¡...o no ande!!!

Capítulo 21

Cómo financiar a tus clientes: el caso del Flautista de Hamelin

Erase una vez un hermoso pueblo llamado Hamelin, en el que sus habitantes vivían felices. Pero sin saber cómo había ocurrido fue invadido por **miles de ratones** que iban por todas partes, acabando con todo el grano y los alimentos que tenían almacenados.

Ante la gravedad de la situación, los gobernantes de la ciudad ofrecieron una **recompensa de cien monedas de oro a quien los librase de los roedores.**

Ante el generoso anuncio, apareció un joven flautista, que les **prometió** que esa noche habría acabado con la plaga.

• El servicio era **necesario y urgente**.

• Estaban dispuestos a dar **lo que hiciera falta** para solucionar el problema.

ERROR: **No pidió anticipo**. Se fió de la riqueza de la ciudad y de la buena voluntad de pago, eso que a veces se llama "solvencia moral".

Entonando una hermosa melodía, empezó a pasear por las calles de Hamelin, y los ratones empezaron a salir de sus escondrijos y fueron siguiéndole como encantados.

Fueron alejándose de la ciudad hasta acabar en un río, donde fueron todos y se marcharon en la distancia.

Al verse libres de los ratones, los habitantes del pueblo estaban muy contentos. Hasta tal punto que organizaron **una fiesta** olvidando que había sido el joven flautista quien les había conseguido alejarlos.

Y, **a la mañana siguiente**, el joven volvió a Hamelín para recibir la recompensa prometida.

Pero los gobernantes, que eran muy codiciosos y solamente pensaban en sus propios bienes, no quisieron pagarle.

Le echaron del pueblo, diciendo que si creía merecer el pago cuando sólo había tocado la flauta. ¡No te debemos nada, pues nada has hecho!

• Una vez solucionada la urgencia, y arreglado el problema ya no quisieron pagar, ya no les dolía.

• No sólo eso, sino que dieron como argumento que su trabajo **no había sido necesario y era de poco valor.**

ERROR: No podía deshacer lo hecho porque no le hubiesen pagado, y qué iba a hacer ahora.

El flautista se enojó mucho por la avaricia e ingratitud y prometió venganza.

Acto seguido, empezó de nuevo a tocar su flauta y la melodía esta vez trajo tras él a todos los niños del pueblo, a los que se llevó encerrándolos en una cueva.

Los gobernantes junto al resto de habitantes del pueblo, buscaron al flautista **para pagarle las cien monedas de oro, pedirle perdón y que por favor les devolviese a sus niños.**

El cuento presenta, según versiones, dos finales:

• En una de ellas, previo pago de la recompensa por fin **libera** a los niños.

• En la otra, **desaparece para siempre** y nunca los recuperan.

En los dos, los protagonistas dejaron de ser tan avaros y cumplieron siempre con sus promesas (a buenas horas).

Las gestiones de cobro pueden tener varios finales:

• Si lo que vendiste fue un **objeto material**, puede ser que lo recuperes.

• Si en cambio fue **un servicio**, puede ser que no lo cobres nunca. Aunque hables mal de los que no te pagaron, presentes demanda, e intentes hacer todo el daño "moral" posible, eso no mejorará tus posibilidades de cobro.

Hagas lo que hagas, te ves forzado a perder un montón de tiempo, llevarte disgustos y tener pocas posibilidades de cobrar. Es un trauma, y un derroche de recursos que si se repite puede darte serios problemas.

¿Y cómo evitas llegar a esta situación?

• Un negocio pequeño ha de acercarse al **cobro al contado** todo lo posible.

• Si te dedicas a los **servicios a medida**, antes de empezar a trabajar tienes que **solicitar anticipo**.

• A ser posible, no dejes pasar más **de tres meses** trabajando **sin cobrar nad**a por largo que sea el proyecto.

• Y si no consigues cobrar anticipos, o vender al contado, entonces lo que toca es **financiar a tus clientes.**

¿Qué supone financiar a tus clientes?

Consiste en poner tu producto o servicio a su disposición en **cómodos plazos.** Pueden disfrutarlo desde el principio, e irlo abonando en varios pagos. Esto tiene tres consecuencias directas:

• Te puede **ayudar a cerrar ventas** que de otra forma no conseguirías. Clientes que en principio no te comprarían debido al factor precio.

• Pero, mientras te pagan o no, **tienes que financiar tu propia tesorería**, si aplazas tus cobros, pero tienes que seguir haciendo frente a tus pagos, vas a necesitar endeudarte, aunque sea con operaciones a corto plazo como la cuenta de crédito. No obstante, no puedes financiar a **muchos clientes** o a mucho plazo, te quedas sin autonomía financiera.

• **El riesgo de impago aumenta** con el número de pagos a realizar, y cuanto más tiempo tenga que transcurrir para que el cobro sea total. Cuando más aplaces los pagos más financiación necesitarás.

¿Y qué opciones tienes para facilitar tus ventas?

Si quieres facilitarles la compra a tus clientes, **sin padecer a cambio los inconvenientes** de financiar las ventas, tienes diversas posibilidades, dependiendo del producto o servicio que ofrezcas y si te diriges a empresas o particulares.

1. Que te puedan pagar con tarjeta.

La más sencilla y **apta para casi todos** los productos, servicios y tipos de clientes, es incorporar la posibilidad de pago con tarjeta, tanto de crédito como de débito.

Para ello has de contratar el servicio TPV (Terminal Punto de Venta).

• El cliente decide cómo se autofinancia, o sea qué tarjeta utiliza según su conveniencia, tú cobras en efectivo, y para ti el **coste** será el de las **comisiones** bancarias.

• Este tipo de comisión se suele componer de un canon fijo (vendas o no vendas) y un porcentaje sobre cada compra. Este gasto has de tenerlo en cuenta a la hora de calcular tus precios.

Un derivado del cobro con tarjeta es **asociarse** a una plataforma de pagos como **Paypal**, también tiene sus comisiones, pero tiene como facilidad que es internacional y para el cliente en muchas ocasiones le da un plus de confianza. Es una de las opciones más empleadas en **medios online**.

2. Puedes ofrecer Financiación al consumo.

A través de una entidad financiera, bancaria o no. La entidad **concede un préstamo a tu cliente**, a ti te paga el precio del producto o servicio, y lo cobra en cuotas con recargo de intereses.

Elementos a considerar:

• Este tipo de convenio facilita la venta, en cuanto a que en el propio comercio el cliente te facilita sus datos, que pasas a la financiera, que aprueba o no el préstamo. **Se distingue por su rapidez**.

• La **calidad de crédito** de los clientes es buena, si no no les concederán el préstamo. No es buena idea financiar a un cliente que no ha pasado la criba.

• Las financieras facilitan este servicio a ciertas actividades económicas, como pueden ser y sin ánimo exhaustivo, Centros Dentales, Opticas, Servicios de Belleza en general. Cada entidad **decide con qué sectores le conviene trabajar.**

• Además, este tipo de producto va dirigido **exclusivamente al cliente persona física**. No se concede a personas jurídicas.

• También está muy extendido, para favorecer que el cliente compre, que el vendedor asuma una parte, o incluso todos los intereses del préstamo. Es el reclamo de "cómodos plazos sin recargo".

• **El riesgo de impago** queda trasladado por tanto a la financiera, que es la que ha prestado el dinero para hacer la compra.

3. Financiación a través de leasing y renting.

• El **leasing** supone que la entidad financiera adquiere al producto y lo alquila por pagos mensuales con opción a la compra cuando acabe el contrato. Se usa para vehículos y toda clase de maquinaria.

• En el **renting**, además se incluye en la cuota mensual el mantenimiento, pero no existe la opción a compra.

• Si tu producto es de **estas características**, habitualmente puedes hacer llegar a tu entidad financiera las solicitudes de manera similar a lo que ocurre con los préstamo de consumo, para que valoren y concedan en su caso las operaciones.

Ambas opciones están disponibles para personas físicas y jurídicas. Es más, dependiendo de su situación fiscal la adquisición por medio de leasing de vehículos o maquinaria puede ser más favorable fiscalmente que otro tipo de compra. De nuevo trasladas el **riesgo de cobro** a la entidad financiera.

4. Tener tu propia tarjeta de crédito.

Acuerdas con una entidad de financiación la emisión de un **plástico con la marca de tu negocio**. Dicha entidad se encarga de la gestión de toda la parte financiera (valoración de los clientes, gestión del crédito), lógicamente con sus correspondientes **comisiones**.

Elementos a considerar:

• Ideales para sectores de gran consumo, o por lo menos con una clientela bastante numerosa.

• Incluyen **financiación** para las compras.

• Tienes la posibilidad de incluir **descuentos y puntos**, que son potentes instrumentos de fidelización.

En resumen, para que no te pase como al **flautista de Hamelín**, que tuvo que fiar el cobro de la generosa y merecida recompensa a la buena y poca voluntad de sus clientes, tienes **dos armas** principales:

a) Cobrar por anticipado y al contado.

b) Utilizar instrumentos que faciliten el pago a tus clientes, sin que tú tengas que financiarlos.

Rebajar tus **riesgos a la hora de cobrar** es fundamental, tu negocio no es el financiero, cuanto más grande la cuenta , más recomendable es que el cliente consiga su financiación por otros medios que no te impliquen a ti, salvo para cobrar tu venta.

No sólo reducirás tus necesidades financieras, sino que **evitarás los impagados** y el tiempo que puede llevarte conseguir recuperarlos. En una empresa mediana este tema puede hacer daño, pero **en un negocio pequeño puede ser mortal.**

Capítulo 22

Publicidad y marketing ¿Inversión o gasto?

Con motivo del reciente fallecimiento de la actriz Lina Morgan, y con los comentarios sobre su dilatada carrera salió de nuevo el dato que la comedia "Vaya par de gemelas" retransmitida por televisión en 1983, alcanzó en su día la friolera de 20 millones de espectadores.

Estas audiencias de otros tiempos, serían el sueño de cualquier empresa que se lo pudiera permitir. Pero, al igual que el cotizado y carísimo primer anuncio de Año Nuevo, son cosa del pasado, y ¿de verdad es lo que necesitaría tu negocio?

Cuando no eres una gran empresa superconocida, te preocupa y mucho cómo acertar con la publicidad, tan necesaria para aumentar las ventas, sientes que es imprescindible darte a conocer, a tu marca, a tus productos, a tu servicio al cliente, y ¿a qué precio?

¿Es la publicidad un gasto o una inversión?

La contestación es sencilla, no importa la cantidad, es un gasto cuando desconoces su resultado, qué volumen de ventas o clientes nuevos te ha supuesto hacer una u otra campaña.

Y eso ocurre también cuando se hacen acciones descoordinadas, hoy esto y mañana aquello , que aisladas no son efectivas sin una buena estrategia de marketing.

Y ¿qué es el marketing?

También llamado mercadotecnia, aunque así no lo conozca casi nadie. El Marketing analiza el comportamiento del mercado y de los consumidores, y es la estrategia de gestión comercial que una empresa utiliza para captar, retener y fidelizar a los clientes satisfaciendo sus necesidades.

Las muy citadas y conocidas cuatro P del marketing son las siguientes:

• Producto (Product). Qué puedes desarrollar de interés para tus clientes, no sólo lo que ya tienes sino en el futuro.

• Precio (Price) Qué estructura de precios será más recomendable.

• Plaza, o localización geográfica (Placement) Segmentación, ¿dónde están tus clientes?

• Publicidad (Promotion), acciones dirigidas a dar a conocer la marca y el producto, conociendo todo lo anterior.

El marketing detecta la necesidad a través del conocimiento del mercado y diseña y pone en marcha el proceso de comercialización.

Su finalidad es posicionar la marca y sus productos en la mente del comprador, a través de diversas estrategias y herramientas, que pueden suponer inversiones a medio plazo en la relación de la empresa con los clientes, con los proveedores y hasta con los empleados.

La publicidad, es la táctica más visible de la estrategia de marketing y en una pequeña empresa no sólo ha de centrarse en los medios de comunicación, tanto tradicionales como online, sino como cualquier acción que facilite captar clientes.

Y ¿en qué te ayuda la publicidad?

• A que te conozcan tus posibles clientes.

•A que tu marca sea identificable, también llamado posicionamiento, da igual lo que ofrezcas, si no tienes una marca (nombre y logo) la publicidad por sí misma no genera reconocimiento.

• A saber qué tienes que sea de su interés, estar presente al tomar decisiones de compra. Generar acción hacia tus productos.

• A conseguir confianza y credibilidad en el mercado.

Dicho esto, una vez que tengas tu estrategia de marketing, es el momento de diseñar tus campañas publicitarias, y para que sean efectivas, y teniendo en cuenta que un negocio pequeño no es la Coca Cola, tienen que estar perfectamente enfocadas.

Para conseguir el máximo rendimiento de tu publicidad necesitas que cumpla los siguientes requisitos:

1. Todo empieza por conocer bien a tu mercado.

Tienes que saber a quién va dirigida.

Quién toma la decisión de compra de los productos o servicios de tu empresa y hacerle llegar el mensaje de porqué le conviene comprarte a ti. Puede ser que el que lo compra no sea el que lo use (por ejemplo productos infantiles, compran los padres, utiliza el niño).

Cuanto más disperso el mercado objetivo más publicidad hará falta para llegar hasta él.

Cuanto más emocional la decisión de compra, más necesidad de publicidad para estar presente necesitarás, es la confianza la que inclina la balanza.

2. Cual es tu Oferta o Propuesta de Valor.

Lo que solucionas con tus productos, que quede claro y fácil de entender, lo que te diferencia y a quién va dirigida, que ya hemos visto que es al que compra.

Cada campaña publicitaria tiene que tener un mensaje único, sin confusiones:

•¿Nuevos clientes?

• ¿Producto nuevo?

• ¿Fidelizar a los que ya tienes?

Para que llegue al consumidor concreto al que va dirigida, por eso hace falta que esté bien desarrollada y medida.

3. Optimizar el impacto.

Con los pasos anteriores, sabrás dónde puedes encontrar a tu público objetivo a nivel de medios, para que tu publicidad alcance la mayor precisión, el mayor impacto al menor coste posible.

Dependiendo del consumidor al que te dirijas (target) así debes elegir el canal en el que se proyecte la publicidad, no el que te guste más, ni el más barato. Ayuda observar que hace la competencia con su publicidad.

Una campaña publicitaria lleva asociado un Plan de Medios, que desarrolla las acciones a realizar.

Los medios son muy diferentes:

• En la radio hay que tener en cuenta tipo de programa, audiencia, horas y repeticiones.

• La prensa tiene puede ser diaria, semanal o mensual, hay que tener en cuenta el tamaño del anuncio, en qué sección y cuántas inserciones vas a contratar.

• La televisión es un mundo aparte. Es muy fácil gastar mucho dinero con poco resultado.

• Las redes sociales tienen sus peculiaridades en segmentación y horarios. Son más económicas y más fáciles de medir los resultados.

Sin ánimo de ser exhaustivos cada medio tiene ventajas e inconvenientes, por ello se debe pensar en el público al que va dirigido el producto y que medio utiliza más.

No sólo hay que acertar con el medio, sino también con la forma de plantear su uso.

Es por esta complejidad por la que existen las Agencias de Publicidad, que organizan las campañas de acuerdo con los objetivos y presupuestos de la empresa y los dirigen a unos medios u otros.

Es importante que la Agencia sea independiente al medio a contratar, que no necesariamente te va a hacer la recomendación que te convenga más.

Imprescindible que quede clara una llamada a la acción (call to action), que quieres que haga el cliente, visitar una página Web, conseguir un cupón de descuento, aprovechar una promoción especial.

4. Seguimiento y repetición

Para ver si ha funcionado y realmente está bien invertido tu dinero, es imprescindible saber qué resultados has obtenido en función de los objetivos planteados.

La medición facilita la corrección y mejora de la efectividad publicitaria, averigua qué funciona para poder repetirlo y facilita datos para hacer variaciones creativas de lo que no ha resultado.

De entrada, hay dos acciones que pueden darte mucha información de forma rápida:

(*) Preguntar a tus nuevos clientes cuál ha sido el medio por el que se han enterado de tu existencia.

(*) Si hiciste alguna oferta, solicitar que se mencione el anuncio para poder aprovecharla.

Y, ¿qué presupuesto me planteo en publicidad?

Haces publicidad para aumentar tu base de clientes y tener más ventas, y tienes que tener en cuenta que:

Cada cliente te deja un margen o beneficio a corto plazo, que es cuando adquiere alguno de tus productos o servicios, el margen que lleve cada uno de ellos es lo que ganas.

También te deja un margen a largo plazo, que se calcula teniendo en cuenta cuántos de tus productos y servicios podría llegar a consumir. Este concepto se suele llamar Ciclo de vida del cliente.

El límite del presupuesto en publicidad es el margen total que puede llegar a dejar un cliente a lo largo de su ciclo de ventas con tu negocio.

Si un cliente por mucho que le vendas te va a dejar un máximo de 100 euros de beneficio, no te puedes gastar 120 en conseguir que te compre algo, nunca vas a recuperar esa inversión, que es en realidad, un gasto.

Visto esto, la publicidad es más necesaria y más eficaz cuando:

• Mayor valor añadido tenga tu producto o servicio (margen alto y precio alto),

• Cuanto más recorrido comercial tenga tu negocio (variedad de productos que permitan repetir la compra una y otra vez)

• Y más necesario sea el reconocimiento de tu marca, algo de valor necesita más confianza para tomar la decisión de compra.

Existen por supuesto otro tipo de estrategias que no cumplen estas condiciones, son propias de empresas grandes, con músculo financiero y que quieren captar cuotas de mercado de sus competidores, y compensan los resultados de unas campañas con otras.

En resumen, la decisión de invertir en publicidad en un negocio tiene que tener en cuenta las siguientes variables:

(*) No se trata tanto de la cantidad que destinas, sino de la efectividad de la inversión que realizas. Si hay menos dinero, se trabaja más la creatividad. Es imprescindible medir los resultados para saber lo que funciona.

(*) Es más necesario invertir cuanto más negro parece el panorama, reducir la publicidad que bien hecha es un apoyo a la venta muy importante, puede ser un suicidio. Aunque por sí misma no venda, es el remate de un conjunto de acciones dedicadas a conseguir ventas.

(*) El presupuesto máximo para adquirir un cliente viene dado por el beneficio máximo que puede conseguirse en su relación con él.

Dicho esto, puedes ser flexible y estar dispuesto a casi igualarlo en algún momento en que tu objetivo principal sea incrementar tu base de clientes. Tienes que tener este valor bien identificado, puesto que si lo superas, cuanto más te promocionas más pierdes.

(*) Una de las estrategias de marketing que mejor se adapta a las pequeñas empresas es la de tracción, (pull), concentra sus recursos en consumidores y usuarios, con el fin de que ellos mismos soliciten el producto o servicio.

Bien hecho, puede reducir mucho el gasto en publicidad pura y dura, por eso es importante la estrategia, porque hay otros recursos como redes de vendedores, que pueden conseguir los mismos fines con menos dinero.

Capítulo 23

Cliente moroso, asesino silencioso

Con gran esfuerzo por tu parte has conseguido tener un flujo de trabajo en condiciones. Estás satisfecho con tus clientes y el negocio empieza a despegar.

Pero siempre tienes que estar preparado para ese temido momento, que, igual que las lluvias de primavera, por simple probabilidad, acaba por llegar, tu cliente no te paga y se convierte en moroso.

Si tu negocio es de servicios, no vale con "retirar la mercancía". Y, si como pasa a menudo es un "traje a medida", aunque lo recuperaras no te valdría para nada.

NO ERES EL ÚNICO, éste es el panorama que presentan los morosos en España en 2014:

Destacan en este reportaje dos puntos:

(*) Las ventas a crédito no se pagan a su vencimiento por el 43,4% de su valor total, y las pérdidas por incobrables ascienden al 2,6% de las ventas (mientras en Europa es del 1,7%).

(*) Aunque se ha puesto como una prioridad luchar contra los malos pagadores, y la ley establece que el plazo máximo de pago para las operaciones comerciales es de 60 días desde la entrega de los bienes, los plazos medios de pago reales han aumentado hasta los 95 días.

Estos datos pueden verse en detalle en el estudio Situación de los Plazos de Pago en el B2B presentado recientemente por Iberinform y Crédito y Caución dentro del Observatorio de Riesgo de Crédito que impulsan con el IE Business School. Resultan especialmente reveladores los gráficos de las páginas 17 y 18:

Estudio plazos de pago B2B España Iberinform – Crédito y Caución from Iberinform

Es llamativa la cercanía de los porcentajes de Falta de disponibilidad de fondos, frente a Falta de formalidad del cliente, tanto por tamaños de empresa (67% contra 56%), como por sectores de actividad (67% frente a58%).

Y, ¿de qué manera se llega a esta situación?

1. Con el afán de mejorar las posibilidades del negocio, das facilidades de pago, sin ser consciente de cómo drenas tus recursos. Ya empiezas a ir algo forzado, y dependiendo de la financiación ajena.

2. Cuando un pedido es grande, valora qué te supone atenderlo, si tienes que anticipar dinero para compra de mercancía o para subcontratar parte del trabajo y si puedes financiarlo.

Ponte siempre en el peor de los casos, porque puede ocurrir. Si es tan grande que puede acabar contigo, piénsate si sólo aceptas una parte, o compartes el riesgo con otra empresa.

Infórmate de la empresa que te lo encarga y de su reputación, y así como de su tamaño, ya que te puedes encontrar con:

a) Empresa grande, posibles problemas: que tarde mucho en pagar, que haga muchas modificaciones, que absorba tus recursos.

b) Empresa pequeña, pedido grande. Puede ser demasiado ambiciosa y encontrar con que luego excede sus posibilidades, puede dejarlo a medias, desistir, no quererlo o poderlo pagar.

3. Afrontar un impago no tiene nada que ver para una pequeña empresa en comparación con una grande, además de la falta de músculo financiero:

(*) Una gran empresa: tiene departamento de cobros especializado, y también acceso al crédito que necesita mientras no consigue cobrar.

Incluso en el peor de los casos que tenga que darlo por fallido, también tiene unos beneficios de superior importe y normalmente una diversificación mayor de clientes que le permite capear el temporal.

(*) Una empresa pequeña: suele andar justa de tesorería, mientras el cliente sea moroso, o sea simplemente retrasa el pago, hay que financiarlo, y tal y como están las cosas la financiación es cara y escasa.

No se trata de vender por vender, sino de tener un beneficio de la actividad, da igual lo bien que hayas trabajado tu producto o servicio, calculado tus precios y el margen, si varios clientes no te pagan pueden acabar con tu negocio. Realmente el cierre de una venta es cuando el dinero está en tu poder.

A la hora de cobrar te puede ocurrir:

(*) Que sea la primera vez que trabajas con el cliente. Aún no tienes experiencia en su trato.

Insistir en el cobro en fecha y plazo. Si hay problemas, aunque acabes cobrando, no repetir.

Hay veces que es un tema de forma de administrarse, no acostumbran a pagar a tiempo por sistema y ya está. Eso suponiendo que tengan para pagar.

Te da apuro, y hasta algo de vergüenza reclamar el pago que se debe.

Crees que van a pensar mal si llamas en tu fecha.

Crees que no van a querer volver a trabajar contigo. Si no reclamas, el que no llora no mama. El que acostumbra a pagar tarde paga primero al que se queja.

Si no quieren volver a trabajar contigo, en esas condiciones, mejor para ti.

(*) Que ya hayas trabajado antes y hubiera funcionado bien. Indagar por lo que ha podido pasar. Mantener una relación fluida con el cliente. Si ya hay experiencia ser cercano y accesible para ver qué ocurre.

(*) Si no consigues que te paguen, pon un límite de tiempo y de dinero para darlo por perdido. Hay veces que retirarse a tiempo es una victoria.

Si se trataba de un proyecto sin terminar, si no se paga, no lo termines, dedica tus esfuerzos a mejores clientes.

Recuerda que existen los abogados, ellos tienen más experiencia en estas lides. No quemes tu tiempo persiguiendo morosos.

Y, por supuesto, **más vale prevenir:**

La gestión de cobros empieza por la gestión de contratos. Primero, hacer un contrato en condiciones y con todo regulado por escrito, que si no todos somos muy buenos y luego donde dije digo, digo Diego. La posible subcontratación de parte del trabajo, atada y bien atada, que luego tú eres el responsable de esa parte. Proyectos a medida, financiación a medida. Poner hitos para el cobro. Aunque no se concluyan en ese tiempo no es recomendable dejar pasar más de 60 días sin cobrar. Si por lo que sea hay problemas tienes tiempo para reaccionar.

Pedir **_SIEMPRE_** anticipo (mínimo 10% y hasta el 20% dependiendo del trabajo). Si no puede ocurrirte que te pongas a trabajar y luego "no lo quieran" y no recuperes ni los gastos.

Cobrar en efectivo en la medida de lo posible. Tu negocio no es el financiero. Dependiendo del producto o servicio, valorar la utilización de los descuentos por pronto pago.

Hay clientes que "se ven venir", a todo le ponen pegas, y lo de pagar es otra pega más.

Cuidado con los que todo "les parece bien", desconfía, al cliente serio le gusta asegurarse de conseguir un buen precio y buenas condiciones, si les da igual también puede darles lo mismo no pagar. Incluso un cliente "importante" que acaba por pagar, puede acabar contigo sólo con retrasos sistemáticos en los pagos.

No hagas tú lo que no quieras que te hagan. Pagar tarde es una mala costumbre que pasa factura, encarece todo, acaba con tu reputación, y no mejora tu tesorería.

De forma preventiva y para limitar daños, no te gastes nunca lo que todavía no has cobrado en efectivo. Hasta que no está en tu poder, sólo es un asiento contable.

En resumen, dependiendo de cómo lo gestiones, el cliente moroso puede convertirse en el asesino silencioso de tu negocio. Merece la pena dedicar el tiempo suficiente a poner en marcha un buen sistema de cobros, al final tu negocio sólo puede prosperar si consigues por tu trabajo lo que éste vale, y si no hay dinero no hay negocio, si por mucho que vendas no consigues cobrar.

Capítulo 24

Fracaso del negocio: más vale prevenir que curar

Fracasar es lo normal. Así, como suena. Puedes llamarle como quieras. En casi cualquier país del mundo el **75%** de los negocios cierra antes de cumplir **dos años**. La mayoría de los que se mantienen más de cinco años en muchos casos es su segundo o tercer intento.

Claro, nadie nace enseñado, ya es complicado saber de lo tuyo, así que reunir las habilidades y recursos necesarios para acertar no es tarea fácil, y ya no hablo de hacerlo a la primera.

El interesante "Informe GEM (Global Entrepeneurship Monitor) España 2014", patrocinado por Santander Universidades y Fundación Rafael del Pino, sobre el emprendimiento en España, publicado a principios de este año, expone las siguientes conclusiones sobre la evolución de los nuevos negocios:

Sobre los motivos para emprender:

El **66,05%** correspondió a emprendedores por **oportunidad,** explotar una idea de negocio, mientras que el **29,24%** fue por **necesidad**, siendo el resto por otros motivos.

El impacto de la crisis se nota en que en 2009, el motivo de necesidad era de aproximadamente el **15%** del total, como puede verse ha subido casi al doble.

Se subraya como posible falta de competitividad y duración estimada de la empresa (menos de cinco años), que sean personas desempleadas o con serias dificultades para incorporarse al mercado laboral las que la promuevan. Uno de los motivos es la propensión a abandonar en cuanto encuentran un trabajo remunerado por cuenta ajena.

Sobre la calidad de las nuevas empresas:

Este es el perfil de los nuevos negocios creados en España en 2014:

• La edad media de los nuevos emprendedores es de **40 años.** Por tramos de edad el 31,2% del total tenía entre 35-44 años. Seis de cada diez son hombres, si bien se va reduciendo la brecha de género.

• Es un negocio de **pequeño tamaño,** de 1-3 empleados máximo.

• Que presta servicios principalmente a **consumidores locales** y carece de una aspiración firme para crecer.

• **Siete de cada diez** nuevas empresas se concentran en el sector de servicios.

• **Cinco de cada diez** nuevos negocios pertenecen a **auto-empleados** (que no emplean a más personas),

• **Seis de cada diez** no tienen ninguna orientación innovadora, y

- Siete de cada diez manifiestan **no tener vocación internacional** durante sus primeros 3-4 años de existencia por lo menos.

Estas conclusiones dibujan un panorama en el que los negocios que arrancan tienen **recursos escasos** y por lo tanto necesitan absolutamente **optimizar su funcionamiento** para tener futuro.

Más vale prevenir que curar.

Leticia Gasca, periodista mexicana de economía, junto con el Instituto del Fracaso, ha publicado este año el libro Sobrevivir al fracaso.

Es la promotora del Movimiento mundial **Fuckup Nights**, nacido en 2012, donde personas de todos los perfiles participan convencidas de la necesidad de aprender a hacer las cosas mejor a partir de las experiencias de fracaso, que son, además mucho más comunes que las de éxito

En dicho libro aparecen las conclusiones del estudio que realizó con la colaboración de EGADE Business School, **con encuestas a 409 personas cuyo negocio fracasó** en México.

Dicho estudio se realizó para orientar a los que tienen un negocio, a los que quieren tenerlo, a los que lo quieren volver a intentar, así como para los inversores en las empresas.

Y éstas son sus conclusiones:

Las causas más comunes de fracaso son cinco:

1. Ingresos insuficientes.

El **65%** de los encuestados indicó que el negocio no les dejaba bastante dinero para mantener **su nivel de vida.** Estimaban que en seis o siete meses podrían tener un sueldo.

Si se supera este periodo sin suficientes ingresos es forzoso abandonar el proyecto. Hay que buscar de nuevo un empleo puesto que hay que comer.

Para prevenir:

• Estimar cuánto nos cuesta "levantar la persiana". Los gastos que tienes sí o sí, aunque no vendas nada.

• Saber cuál es el punto de equilibrio a partir del cual empiezas a ganar dinero.

• Estimar los ingresos y gastos de los dos primeros años.

• Y hacerlo **con escenarios no sólo** "realistas" sino también **pesimistas.**

Dentro de esta causa, también está incluido el **manejo poco eficiente de la tesorería.**

Es necesario asegurar un flujo de caja continuo y suficiente, para lo que hay que conocer los periodos de cobro y pago y ajustar las posibles necesidades con clientes, proveedores, inversores y bancos si se necesita.

Para prevenir:

• Calcular cuánto hace falta para sostener la caja del negocio durante seis meses, cuando aún no se puede mantener a sí mismo. Tener previsto de dónde va a salir ese dinero.

• Tener suficiente dinero ahorrado para sobrevivir en tu economía personal y familiar al menos un año, idealmente hasta que el negocio de para ganarme una nómina. Calcular en cuánto tiempo es razonable que ocurra.

2. Falta de indicadores.

Para saber por dónde vas necesitas un mapa. Tienes que saber dónde fijarte para poder hacer correcciones en tu viaje. Para ello necesitas un **Cuadro de Control**, donde tengas a mano los valores críticos a vigilar.

Sino irás a ciegas y la administración no puede ser buena porque no sabes adónde vas. No llevas orden en la gestión ni en el dinero, aparecen tentaciones de mezclar tus finanzas de casa con las del negocio.

Problemas que se presentan: dinero ilocalizable, cuentas sin cobrar, inventarios mal llevados, posibles problemas legales.

Para prevenir:

✓ Por su propia naturaleza las áreas a controlar de forma medible son:

- La financiera.

- Los procesos de fabricación.

- Los inventarios tanto para fábrica como para venta.

- El marketing.

211

- Las ventas.

✓ Poner en marcha sistemas de información para tenerla disponible cuando la vas a necesitar.

✓ Marcarte cifras de alarma si no alcanzas ciertos importes. Descubiertos en cuentas bancarias. Falta de existencias. Ventas insuficientes.

3. Falta de procesos de análisis.

Básicamente, **no tener un modelo** de negocio.

Si no sabes cuál es tu **propuesta de valor** al mercado no puedes juzgar cuál es tu posición, cómo está evolucionando, o qué acciones tendrías que llevar a cabo para situarte mejor. Tienes que estar actualizado acerca de las tendencias de tu sector, incluso la mejor idea no puede permanecer estática.

En un primer momento, el típico plan de negocio completamente armado puede ser ciencia ficción, pero el trabajo necesario para pensar qué se está haciendo es muy beneficioso para tener estrategia y perspectiva.

Para prevenir:

Modelos de reflexión como el **Canvas** y **Lean Startup**, son muy apropiados para obtener perspectiva sobre las posibilidades del negocio.

No arrancar un negocio sin un test suficiente de que está satisfaciendo una **necesidad real** de los consumidores. De otra manera inicias una actividad que no le interesa a nadie, y que morirá siendo sólo un hobby caro.

4. Planificación deficiente.

Cuando pones en marcha un negocio **no hay que suponer nada**.

Esto implica una labor previa de investigación, sobre cómo hacen las cosas los demás, preguntar costes, plazos, y todo lo que te haga falta saber, directamente en las fuentes, de primera mano.

El exceso de optimismo se paga caro. Lo normal es sobreestimar los ingresos, y no tener en cuenta todos los gastos que van a ser necesarios para conseguirlos, que luego se presentan como una dolorosa sorpresa.

Tener identificados los **principales riesgos** de tu mercado también te ayudará a tomar medidas si fuera necesario.

Para prevenir:

De nuevo la técnica de los escenarios, con proyecciones financieras **que vas actualizando** según vas contrastando con la realidad.

Cuando empiezas a disponer de datos reales, entonces **tendrá sentido proyectar** a dos, tres y cinco años, porque te ayudará a tomar decisiones.

Pide ayuda, sobre todo si no te sientes muy seguro en el tema financiero. La soledad de decisión del emprendedor te puede jugar malas pasadas y que no te des cuenta hasta que es demasiado tarde.

Desarrolla ideas claras de dónde quieres llevar tu negocio y cómo conseguirlo, medios técnicos, humanos y materiales necesarios.

5. Problemas en la ejecución.

Es la más difícil de prevenir. Buenas ideas las tiene cualquiera, todo está en la ejecución, en el día a día del negocio. **La ejecución hace toda la diferencia entre el éxito y el fracaso.**

Igual que conducir un coche se aprende haciéndolo, y por mucho que te hayas examinado del teórico no has avanzado un paso, la única forma de aprender a ejecutar proyectos es haciéndolos.

Por eso, aunque no es imposible, si es mucho más difícil para un emprendedor novato, sacar adelante una empresa si no **ha trabajado antes para otros**, y ha tenido la oportunidad de aprender cómo se hacen las cosas.

Incluso para el que ya sabe desarrollar la actividad a la que te quieras dedicar, necesitas otra serie de habilidades diferente para gestionar el negocio.

Una de las más importantes es saber **que no lo puedes hacer todo tú solo**. Primero porque aunque supieras de todo, no te daría tiempo material, algo importante se te podría escapar. Segundo, porque en cuanto coja algo de volumen, si no delegas no llegarás a todo tampoco.

Vamos, que quien mucho abarca, poco aprieta.

Se puede delegar en empleados, o en **freelancers** o trabajadores externos, que complementen las cosas que no te gustan, que no se te dan demasiado bien y por tanto te llevan demasiado tiempo, o simplemente que no te quieres ocupar porque vas a dedicarte al corazón de tu negocio.

Para prevenir:

Determinar actividades esenciales para cumplir las prioridades del negocio.

Ver si el tiempo que se les dedica está de acuerdo con su importancia.

Reordenar los tiempos que se dedican según la información anterior. Superar el miedo a delegar y a los errores. Con colaboración el proyecto tiene más probabilidades de éxito que si intentas hacerlo todo tú solo.

Trabajar en desarrollar habilidades de liderazgo y comunicación, muy útiles tanto si buscas colaboradores externos como empleados.

Cualquier conocimiento que puedas adquirir sobre project finance te vendrá muy bien.

En resumen, con lo que cuesta, en dinero, tiempo y esfuerzo personal poner en marcha un negocio, merece la pena prevenir en todo lo que esté a tu alcance las posibles causas de fracaso.

Aunque se suele decir que no se escarmienta en cabeza ajena, sí resulta de provecho ver dónde otros encontraron la piedra, y al menos la misma, evitarla en lo posible.

Está demostrado que se aprende más de **observar los errores**, que de intentar imitar los aciertos. Se fundamenta en la aversión al riesgo, que en este caso la verdad es que me parece bastante positiva.

Para prevenir es fundamental:

Que el negocio **tenga sentido**, cubra una necesidad y haya mercado y un modelo de ingresos

Que se **hagan las cuentas previas**, aunque sean las de "la vieja", papel y lápiz, para saber si tiene posibilidades de ser rentable y mantenerse por sí mismo.

Es un **disparate** demasiado frecuente, gastar una indemnización de paro en poner un negocio y que luego no funcione porque no se ha previsto ni lo más elemental.

217

Que el emprendedor busque ayuda cuando no tenga claro hacia dónde va, o en qué situación se encuentra antes de que sea demasiado tarde para poderlo arreglar.

Capítulo 25

Cómo cerrar un mal negocio sin morir en el intento

No quieres ni pensar en semejante posibilidad, igual que el que se resiste a hacer testamento, tienes una especie de sentimiento mágico de que así lo que temes nunca ocurrirá.

Cuando inicias un negocio tienes la posibilidad de no acertar, de que no consigas que salga adelante y cerrar la persiana y dedicarte a otra cosa. En realidad, tan importante como el plan inicial de inversión, es también el plan de salida en caso de que no consigas los resultados que esperabas. Pero para ponerlo en marcha lo primero es:

Saber qué es un mal negocio.

Puedes calificar como malo, o no lo bastante bueno, al negocio que presente estas características:

1. Indicador de mantenimiento.

No consigue al menos autofinanciarse de forma sostenida en el plazo de tiempo que te propusiste. Puedes hablar de que cada tres meses te toca poner dinero el cuarto y no de la empresa, sino de tus reservas.

Al principio habrá un periodo de arranque, pero una vez que tienes clientes de forma recurrente, los aportes monetarios necesarios para el gasto corriente deberán salir de manera sistemática del propio negocio.

Y por qué no es bueno, porque si ya estabilizado ni siquiera es capaz de mantenerse, el menor percance, cualquier parón en conseguir clientes, o bajada de ventas acabará con la actividad y además con tus ahorros.

Lo puedes considerar un hobby muy caro.

2. Indicador de crecimiento.

También puede ocurrir que sí se estabilice, pero que los beneficios que consigas sean muy escasos, no te permitan hacer nueva inversión si fuera necesaria y no se observa mejora probable a medio plazo.

En ese caso, puedes estar instalado en el autoempleo, y aunque puedas considerarlo suficiente por el momento, si no cuentas con recursos adicionales también es muy frágil.

A veces la mejora de la rentabilidad pasa por buscar ayuda para solucionar fallos de mala organización, distribución o finanzas, porque la idea inicial puede ser buena pero no consigues sacarle todo su potencial.

Si aún así no consigues mejoras significativas, hay que aprender de lo que pasó y reducir las pérdidas. Y ¿cuándo tomar esta decisión?

Antes de empezar, haz cuentas para ver donde puedes llegar.

El dinero que tengas encima de la mesa cuando empiezas, más el que el negocio va produciendo, te va a permitir una red de seguridad en el tiempo.

Tienes que tener mucha claridad para saber hasta dónde puedes llegar. Cuando el negocio presenta los síntomas que ya he detallado, llega un momento en que, o pides dinero a otras personas u otro tipo de préstamos, o no puedes seguir.

De un hoyo no se sale cavando más hondo. Es el momento de dejarlo y no continuar a base de deudas, lo que puede hacerte desaparecer del mapa económico y no poder volver a intentar jamás empezar un nuevo negocio.

Recuerda, es una forma de vida, no jugar a todo o nada

Un negocio no es un juego, pero tiene un fuerte componente emocional. No se invierte sólo dinero, sino esperanzas y sueños. La equivocación reside en que no se trata de renunciar a éstos últimos, sino aceptar que por el momento, y de esa manera concreta, llevando a cabo esa idea específica no ha sido posible conseguirlo. Pruebas, y si no lo consigues a la primera, lo intentas más adelante con otra hasta que encuentres la que a ti te funciona y te satisface en todos los sentidos, personal y económico.

Esta posibilidad es la que queda cerrada si te arruinas y sigues metiendo dinero en algo que ya estás viendo con claridad que no te ha salido bien.

Lo que te frena es "ya he invertido tanto tiempo y tanto dinero en esto", y odias la sensación de pérdida, cuando a cambio has aprendido que "ya sé qué es lo que no funciona, lo haré de otra manera hasta conseguirlo".

Es la misma sensación que si compraste acciones muy caras, cuando van cayendo te digas, "ya se recuperará", "hay que saber esperar" y muchas veces perderlo todo. La diferencia es que no se trata de perderlo todo, sino de quedarte además sin posibilidades para el futuro, con deudas y problemas.

Y por último, no dejes muertos y heridos por el camino.

Si tomaste la decisión de dar por terminado el negocio que no funciona, una vez que has apurado el tiempo y el dinero que te pusiste de límite es muy importante dejar solucionados todos los asuntos pendientes.

Paga todas las facturas, termina todos los proyectos, cumple con todas tus obligaciones legales y no dejes temas sin resolver, porque menuda gracia que a la vuelta de uno o varios años encima tengas historias con la Agencia Tributaria, con la Seguridad Social, o con algún proveedor que le quedó algo por ahí rodando.

En resumen, para cerrar un mal negocio sin morir en el intento es recomendable:

✓ Tener un plan de hasta dónde puedes llegar con el capital de que dispones.

✓ Controlar si ganas o no el dinero suficiente para mantenerte en el tiempo.

✓ Pedir apoyo para establecer acciones correctoras y ver si dan resultado.

✓ Si no lo dan, darlo por terminado, aprender de la experiencia y no endeudarse para continuar a toda costa.

✓ No dejes asuntos pendientes, ni económicos, ni legales, hay flecos que pueden dar mucha guerra.

Recuerda, lo importante es seguir vivo para luchar otro día! Y aunque suene muy bélico, en este caso una retirada a tiempo es una victoria, así de una forma u otra conseguirás ganar la guerra.

TU REGALO GRATUITO

Para darte las gracias por haber comprado este ebook, te regalo otro ebook exclusivo para ti.

En mi página http://www.magcoaching.es/ encontrarás el ebook descargable:

"7 acciones para que tu negocio sea mucho más rentable ya", con un plan de acción sencillo y potente para mejorar las finanzas de tu negocio. Seguro que te resultará útil.

Feliz lectu

MARÍA ÁNGELES GONZÁLEZ

MAGCOACHING

Soy Mª Angeles González, **Economista y Coach financiera**. Con más de 30 años de experiencia en el sector financiero ayudo a los **emprendedores, profesionales y dueños de negocios** a conseguir un negocio mucho más rentable para disfrutar de la vida. La mejor manera de ganar dinero es dejar de perderlo.

Puedes encontrarme en:

Mi web: **www.magcoaching.es**

En Twitter: **@mag_coaching**

María Ángeles González

www.ingramcontent.com/pod-product-compliance
Lightning Source LLC
Chambersburg PA
CBHW021423170526
45164CB00001B/68